관상신학

관상신학

발행일	2025. 9. 29
지은이	장래혁
펴낸이	양승록

펴낸곳	복음인
등 록	2025. 1. 15. 제2025-000005호
주 소	서울시 마포구 방울내로11길 43. 1505호
전 화	02)3676-3082
팩 스	0504)324-3375
E-mail	dsr123@daum.net
홈페이지	www.ingn.net

ISBN 979-11-991152-8-6 03230
값 15,000원

ⓒ 판권 저자 소유
이 책의 일부분이라도 저자의 허락 없이는 무단 복제할 수 없습니다.

Contemplative Theology

관상신학

장래혁 지음

복음인

추천사

박종환_실천신학대학원대학교 예배학 교수

장래혁 박사의 이번 저서는 마치 잃어버린 샘을 다시 발견한 듯, 메마른 한국교회 예배의 땅에 깊은 물줄기를 틔워 줍니다. 우리는 오랫동안 설교와 프로그램 중심의 예배 속에서 하나님과의 친밀한 교제를 잊어버리고, 침묵과 신비의 깊이를 놓쳐왔습니다. 이 책은 그러한 상실을 향한 진지한 응답이며, 영성을 회복하는 길잡이입니다.

장래혁 박사는 동방과 서방의 관상 전통, 종교개혁자들의 묵상, 현대 영성가들의 사상을 엮어내어, 관상신학이 단순한 신비주의가 아니라 예배의 본질을 회복하는 길임을 보여줍니다. 그리고 청파감리교회와 샬렘영성훈련원, 미국 교회의 다양한 실험들을 소개하며, 묵상과 침묵, 성례전의 신비가 회중의 삶을 어떻게 바꾸어낼 수 있는지를 생생히 증언합니다.

이 책은 학문적 연구이자 동시에 영적 호소문입니다. 예배의 본질을 다시 붙들고자 하는 모든 이들에게, 장래혁 박사의 저서는 큰 울림과 깊은 도전을 줄 것입니다.

김홍일_한국살렘영성훈련원장, 성공회 사제

그리스도교 관상신학과 영성을 연구하는 이들에게 고전이 된 '신비주의 Mysticism'의 저자 이블린 언더힐(Evelyn Underhill)의 마지막 저서가 '예배 Worship'라는 사실을 아는 사람은 많지 않습니다. 그녀는 예배란 '피조물이 영원하신 분께 드리는 응답'이며, 관상적 영성이 추구하는 그리스도를 향한 '끊임없는 회상'과 '하나님을 향한 지속적인 응시과 경청'은 진정한 예배의 기초가 된다고 강조합니다.

이 책은 장래혁 목사님이 오랜 목회 경험과 진정한 예배를 향한 깊은 관심과 애정의 열매이며, 개인의 경험과 성찰을 학습과 연구로 한국교회 예배의 새로운 차원을 열어주는 박사 학위 논문이기도 합니다. 뜨겁고 열정적인 찬양과 기도, 확신에 찬 설교에 익숙한 한국교회와 그리스도인들에게 조금은 낯설게 느껴질 수 있는 질문들에 대해 저자는 그리스도교 신학과 전통에 근거하여 친절하게 답해주며, 관상적 예배가 한국교회와 그리스도인들에게 줄 수 있는 유익과 선물들을 소개합니다.

무엇보다 책의 후반부는 저자가 연구자이기도 하지만 동시에 현장 목회자라는 사실을 떠오르게 합니다. 저자는 관상적 예배의 사례들을 소개

추천사

하고, 독자들이 교회 예배와 설교에 적용해 볼 수 있는 구체적인 방법들을 제안하고 있습니다. '관상 신학'은 관상적 영성과 예배를 주제로 한국에서 출판되는 첫 번째 책이 아닐까 합니다. '관상 신학'은 '하나님과 깊은 만남이 있는 예배'를 고민하는 모든 분들에게 큰 영감과 도움을 선사할 것입니다.

김형락_서울신학대학교 예배학 교수

　오늘날 한국교회는 외형적 성장과 효율성에 치우친 나머지, 예배의 본질인 하나님과의 깊은 교제와 신비로운 만남을 놓치고 있다는 아픈 지적을 받아 왔습니다. 반복되는 설교 중심의 형식적 예배 속에서 성도들은 영적인 갈증을 호소하고, 목회자들 역시 분주한 사역과 프로그램 속에서 하나님 앞에 머무는 내적 영성을 지켜내기 어려운 현실에 있습니다. 이러한 때에 이 책은 교회의 예배가 본래의 자리를 회복하도록 돕는 귀한 신학적 길잡이가 되어 줄 것입니다.
　본 서의 저자인 장래혁 목사님은 전통적으로 개혁교회 안에서 다소 낯설게 여겨졌던 관상신학을 깊이 탐구하면서, 그 역사적 뿌리와 성경적 근거를 분명하게 밝혀 주십니다. 더 나아가 동방교회의 헤시카즘과 서방의 신비주의 전통을 개혁주의 신학과 정직하게 대화시키며, 관상신학이 단순한 신비주의가 아니라 기독교 영성의 소중한 유산임을 보여주십니다. 무엇보다 관상신학이 말씀과 성례, 그리고 공동체 안에서의 묵상과 침묵, 성령의 인도하심과 조화를 이루며, 한국교회 예배 안에서도 충분히 신학적 정당성을 지닐 수 있음을 설득력 있게 증거하고 있습니다.

추천사

특별히 이 책은 단순히 학문적 논의에 머무르지 않고, 예배 현장에서 곧바로 적용할 수 있는 실제적인 방안들을 제시합니다. 설교 중심의 예배 속에 침묵과 묵상, 성례전의 신비로운 체험을 회복하고, 관상기도와 Lectio Divina를 통해 공동체적 영성을 길러가는 제안은 오늘날 우리의 예배를 새롭게 변화시키는 길이 될 것입니다.

저는 이 책이 예배의 본질을 사모하는 모든 목회자와 성도님들께 귀한 길잡이가 될 것이라 확신합니다. 또한 예배학과 영성신학을 연구하는 학문 공동체에도 큰 울림을 주어, 한국교회 예배의 새로운 지평을 열어 주리라 믿습니다. 이 책을 통하여 독자 여러분이 예배의 참된 깊이를 다시금 사유하시고, 하나님 앞에 온전히 머무는 거룩한 경험으로 나아가시기를 진심으로 권면드립니다.

민장배_성결대학교 예배학 교수 역임, 전 한국실천신학회 회장 및 이사장

　장래혁 목사님의 박사 학위 취득과 연구논문을 "관상신학"으로 재구성하여 출판하시게 된 것을 진심으로 축하드립니다. 제가 본 도서를 추천하는 이유는 첫째, '관상신학'이라는 용어를 처음 사용하여 학술적 측면에서 기여했기 때문입니다. 둘째, 한국 기독교 예배에서 관상적 순서를 도입할 수 있는 설계 프레임워크로 'S. A. L. T. 모델'을 제시했기 때문입니다. 셋째, 말씀 중심의 개혁교회 예배와 충돌하지 않으면서도, 예배의 신학적 풍성함과 회중의 영적 성숙을 심화시키는 도구가 될 수 있기 때문입니다. 결론적으로 예배의 정의와 목적과 방법을 숙지하지 못한 상태에서 습관화된 한국 교회에 영과 진리 안에서 예배를 설계하는데 도움을 줄 수 있을 것으로 보여 기쁜 마음으로 추천합니다.

추천사

오현철_성결대학교 실천신학 교수, 전 한국복음주의실천신학회 회장

이 책은 우릴 침묵으로 이끕니다. 책을 펼치는 순간 노이즈 캔슬링 기능이 탑재된 듯 모든 소리는 사라집니다. 교회 성장, 프로그램 중심, 설교 중심적 예배구조, 의례적 관행, 문화적 경향, 분주함, 산만함 등. 그리고 그 소리 때문에 놓친 것에 집중합니다. 그의 임재 안에 머무는 쉼과 깊은 교제, 설교를 내적으로 성찰하고 말씀의 의미가 삶에 스며들게 하는 침묵, 열림과 경청으로서의 기도, 영적 갈증과 성숙 그리고 삶의 변화까지.

이 책은 우릴 행동으로 이끕니다. 관상신학이 성경적 역사적 신학적 전통 위에 토대함을 밝히고 비판의 목소리를 경청하며 존 칼빈, 마틴 루터 같은 종교개혁자와 조나단 에드워즈, 유진 피터슨 같은 영성신학자의 통찰을 수용할 뿐 아니라 검증되고 적용 가능한 국내외 사례까지 소개하기 때문입니다. 침묵에서 행동으로 이어지는 이 책의 길에서 우린 하나님과의 깊은 만남, 깊은 교제, 존재가 변화되는 깊은 기도를 경험하게 될 것입니다.

머리말

오늘날 한국 개신교 예배는 점점 더 형식화되고 외형적 구조에 치중면서, 침묵과 신비, 내면화와 참여적 영성이라는 예배 본연의 요소들을 놓치고 있습니다. 특히 설교 중심의 예배 구조와 과도한 활동성은 회중의 내면적 응답과 깊은 영적 성숙을 방해하는 요인이 되기도 합니다. 이런 상황에서 관상신학은 예배의 깊이와 신비를 회복하고, 신앙생활을 내면화하는 중요한 신학적 도전이자 기회가 될 수 있음을 조심스럽게 제시해 봅니다.

이 책은 필자가 박사논문으로 연구한 '관상신학'을 바탕으로 현대 한국 교회의 예배와 영성 회복을 위한 신학적 대안을 모색한 결과물입니다. 관상(contemplation)은 단지 수도원의 기도 방식이나 개인 영성 훈련의 하나로만 머무를 수 없습니다. 그것은 하나님과의 인격적 사귐 속에서 형성되는 '살아 있는 신학'이며, 침묵과 내적 성찰, 그리고 참여적 경험을 통해 하나님 앞에 머무는 태도를 요구합니다.

이 책은 바로 이러한 관상의 신학적 의미를 재조명하고, 그것이 개신교 예배와 어떻게 조화될 수 있는지를 탐구했습니다.

이 책은 다섯 파트로 구성되어 있습니다. Ⅰ부는 한국 개신교 예배의 현실과 관상신학을 둘러싼 논의, 그리고 그 재발견의 필요성을 다뤘습니다. Ⅱ부에서는 관상신학의 역사적·성서적·신학적 배경을 살피고, '누스'와 침묵, 영적 인식 등 핵심 개념들을 정리했습니다. Ⅲ부는 개혁주의 전통 안에서 관상신학의 적용 가능성을 탐구하며, 루터와 칼뱅, 그리고 현대의 영성 신학자들과의 대화를 통해 실천적 함의를 모색했습니다. Ⅳ부에서는 한국교회와 미국교회의 관상적 예배 사례들을 분석하고, 공동체 예배 안에서 관상기도, 렉시오 디비나, 상징과 침묵의 회복 등 구체적 실천 방안을 제안했습니다. 마지막 Ⅴ부는 관상신학이 개신교 예배에 제시하는 영적 가능성과 신학적 긴장, 그리고 미래적 제언으로 마무리되어 있습니다.

이 책이 세상에 나오기까지 많은 분들의 기도와 조언, 격려가 있었습니다. 먼저 연구와 집필 과정 전반에 걸쳐 깊이 있는 신학적 통찰과 따뜻한 격려를 아끼지 않으신 실천신학대학원대학교의 박종환 교수님께 깊은 감사를 드립니다. 또한 관상신학과 영성 훈련의 실제를 몸소 살아내시며 지속적으로 관계해 주신 한국샬렘영성훈련원 원장 김홍일 신부님께도 진심 어린 감사의 마음을 전합니다.

또 표지에 귀한 작품을 사용할 수 있도록 흔쾌히 제공해 주신 멍석 김문태 작가님께도 감사를 드립니다. 그리고 어려운 가운데서도 이 책의 취지에 공감하고 기꺼이 출간을 맡아주신 '복음인(in)' 대표 양승록 목사님과 편집진에도 깊은 감사를 드립니다.

관상신학은 단순한 방법론이 아닙니다. 그것은 하나님 앞에 잠잠히 머무는 존재론적 태도이며, 하나님의 임재 안에서 자신을 새롭게 발견하고, 성령의 인도 아래 신앙의 여정을 깊이 있게 걸어가는 길입니다. 이 책이 예배학을 연구하는 학자들과 목회 현장의 지도자들, 그리고 깊은 영성을 갈망하는 모든 독자들에게 작은 이정표가 되기를 소망합니다. 무엇보다 이 책을 통해 하나님과의 거룩한 침묵 속 만남이 우리 예배 가운데 새롭게 회복되기를 간절히 기도합니다.

2025년 9월
장래혁 목사

CONTENTS

추천사 · 4
머리말 · 11

I
한국교회에서의 관상신학

1장 한국 개신교 예배와 관상신학의 재발견   20
    1. 한국 개신교 예배의 형식화와 영성 결핍 문제   20
    2. 관상신학에 대한 한국 교계의 논쟁   23
       1) 관상신학에 대한 한국교회의 비판적 관점   25
       2) 관상기도에 대한 긍정적 접근   28
         (1) 관상신학에 대한 변증   30
         (2) 한국교회를 위한 제언   33
    3. 관상신학의 재발견과 한국 개신교 전통에의 도전   35

2장 한국 개신교 예배와 관상적 접근   38
    1. 예배에서의 침묵과 신비 요소의 중요성   38
    2. 역사적, 신학적, 예배 실천적 접근 방향   41

3장 개신교 예배와 관상신학 적용의 한계   46
    1. 개신교 전통과의 신학적 긴장   46
    2. 성경적 근거의 명확성 부족   47
    3. 개신교 예배 전통과의 실천적 불일치   47
    4. 실천적 적용을 위한 교육 및 훈련 부족   48

4장   개신교 예배와 관상신학의 기여　　　　　　　49
　　1. 영성의 심화와 신앙생활의 내면화　　　　　　49
　　2. 예배의 신비성과 깊이 증진　　　　　　　　　50
　　3. 영적 형성과 기도 훈련의 확장　　　　　　　　50

II
관상신학의 이해와
개신교 예배적 함의

1장   관상신학의 역사적, 성서적, 신학적 배경　　　54
　　1. 관상신학의 정의와 신학적 전통　　　　　　　54
　　　1) 관상신학이란 무엇인가?　　　　　　　　　54
　　　　(1) 관상신학의 성서적 기초　　　　　　　　57
　　　　(2) 관상신학의 역사적 계보와 흐름　　　　　59
　　　2) 관상신학의 신학적 기둥　　　　　　　　　64
　　2. '살아 있는 신학'으로서의 관상신학　　　　　　67

2장   관상신학의 핵심 요소　　　　　　　　　　　76
　　1. '누스'와 영적 인식　　　　　　　　　　　　76
　　　1) 누스의 본질과 메타노이아　　　　　　　　76
　　　2) 필로칼리아 전통에서 누스의 역할　　　　　77
　　2. 침묵, 내적 성찰, 그리고 참여적 경험　　　　　79
　　　1) 동굴과 태양 : 플라톤적 비유와 신학적 함의　80
　　　2) 침묵과 기다림의 자세 : 수용적 태도로서의 관상　82

3장 동방교회와 서방교회의 관상적 전통　　　86
　　1. 동방의 헤시카즘 전통과 예수 기도　　　86
　　2. 서방교회의 신비주의 전통과 관상의 현대적 적용　　89

III
관상신학의 예배 갱신
가능성과 실천적 적용

1장 개신교의 예배 형식화와 영성 결핍의 문제　　　96
　　1. 개혁교회의 전통적 예배 형식과 설교 중심적 구조　　　99
　　2. 회중의 참여적 영성을 위한 신학적 접근　　　104
　　　1) 침묵의 도입 : 준비 기도와 묵상의 확장　　　106
　　　2) 성찬에서의 신비 체험 강화　　　109

2장 개혁주의 전통에서 관상신학의 적용 가능성　　　113
　　1. 칼뱅과 루터의 영성과 관상적 요소　　　114
　　　1) 로고스 중심의 신학적 조화와 예배적 적용　　　115
　　　　(1) 부재의 체험과 신앙의 깊이　　　116
　　　　(2) 성령의 역할　　　117
　　　　(3) 부재 속에서의 신앙의 고백　　　117
　　　2) 관상의 여정과 영적 수용성　　　118
　　2. 현대 개혁주의 영성 신학자들과의 접점　　　119
　　　1) 조나단 에드워즈 : 성령 체험과 신학의 통합　　　119
　　　2) 유진 피터슨 : 현대 도시영성의 관상적 실천　　　120
　　　3) 제임스 휴스턴 : 마음의 형성과 영적 인격성　　　120
　　　4) 리처드 러벳 : 갱신운동과 영적 체계　　　121

3. 신학적 긴장과 융합 가능성 분석　　　　　　　124
　　1) 공동체적 예배에서 관상적 요소의 실천　　　　124
　　2) 예배의 형식과 내용을 통한 실존적 체험 강조　　125

3장　회중의 참여적 영성 강화 방안　　　　　　　127
　1. 공동체 중심의 묵상과 참여 예배　　　　　　　128
　2. 관상기도와 말씀·성례의 통합적 이해　　　　　129

IV
사례분석 : 한국 개신교 예배에서의 적용 실험

1장　관상적 예배의 실천적 구조 제안　　　　　　135
　1. 관상신학의 개혁주의적 해석과 조화　　　　　136
　2. 공동체 예배에서의 관상적 순서 도입　　　　　137
　　1) 관상기도의 적용　　　　　　　　　　　　　140
　　　(1) 기도와 응답　　　　　　　　　　　　　　140
　　　(2) 관조(콘템플라티오)와 침묵의 실천　　　　141
　　2) 렉시오 디비나의 예배 내 실천　　　　　　　142
　3. 관상적 예배 갱신의 국내외 사례분석　　　　　145
　　1) 한국교회의 관상적 예배 실천 사례 분석　　　151
　　　(1) '청파감리교회'의 예배 분석　　　　　　　154
　　　(2) '한국샬렘영성훈련원'의 성찬 분석　　　　158
　　　(3) '한국샬렘' 관상적 성찬예전 순서　　　　　159
　　2) 미국교회의 관상적 예배 실천 사례 분석　　　163
　　　(1) '그레이스 커뮤니티 처치'의 주일 저녁 예배 분석　164
　　　(2) '세인트 그레고리 오브 니사 성공회 교회' 성찬예전 분석　166

2장 설교와 성례전에서의 관상적 접근   172
  1. 침묵과 묵상, 상징적 요소의 재발견   174
  2. 성찬에서의 신비 체험과 영적 참여   175
  3. 세례 준비 과정에서의 묵상과 내적 성찰 강화   176

3장 회중의 참여적 영성을 위한 실천적 도구   178
  1. 관상기도와 성례전의 통합적 활용   181
   1) 성찬과 관상기도   181
   2) 세례와 관상기도   182
  2. 공동체 예배에서의 관상적 순서 도입
   ('S.A.L.T모델'제시)   182
  3. 음악과 상징의 활용을 통한 관상적 전환   184

에필로그 · 188
1. 관상신학이 개신교 예배에 주는 영적 가능성 · 188
2. 관상신학의 신학적, 실천적 의의 · 188
3. 미래적 제안 · 189
  1) 예배 갱신을 위한 실천적 로드맵 · 190
  2) 관상신학과 개신교 신학의 지속적 대화 · 191

참고문헌 · 193

I
한국교회에서의
관상신학

한국 개신교 예배와
관상신학의 재발견   1

1___한국 개신교 예배의 형식화와 영성 결핍

　돈 셀리어스는 '전례 개혁의 신학적 기초'에서 폴 틸리히(Paul Tillich)의 표현을 빌려, "프로테스탄트 원리(Protestant Principle)를 어떻게 보편적 실체(catholic substance)로 구현할 수 있을까? 달리 표현하면, 역사 가운데 문화로 구체화 된 교회가 예수 그리스도와 창조와 역사를 빚어내는 삼위일체 하나님의 생명에 충실하기 위해서는 어떻게 해야 할까? 라고 묻고선 교회의 예언자적 자기비판 혹은 개혁은 언제나 하나님을 향한 교회의 '예배'와 함께 가야 한다."고 답한다.

　예배의 본질은 기독교 신앙과 인간 역사 속에서 행하신 모든 하나님의 이야기를 기억하고 표현하는 데 있다. 모든 형태의 이러한 예배는 개혁과 새롭게 됨이 이루어질 때마다 교회의 전통 안에서 오랫동안 지켜온 기독교 예배의 구조를 어떻게 정의하느냐의 문제가 발생하게 된다. 이러한 문제를 예배 신학적으로 적용하는 데 있어서 중요한 부분은 예배에서 가장 본질적인 것이 무엇인지가 중요한 요소가 된다. 예배의 본질이 무시되고 희미해질 때 기독교 신학과 영성은 고통을 받게 되는 것이다.

교회 성장에 매몰된 많은 한국교회의 상황은 목회 사역과 예배에 있어서 인간실존에 대한 관계를 제대로 이해하지 못하고 영성과 기도마저 교회 성장의 한 방편으로 이용해 왔으며, 교인들을 최상의 종교서비스를 받고 값을 치르는 고객으로 착각하면서 각종 이벤트성 행사에만 관심을 두고 매달린 것은 아닌지 돌아봐야 할 때가 왔다.

한국 개신교 예배는 종교개혁 전통에 따라 설교 중심적 예배 구조를 강조해 왔으나, 시간이 지나면서 교회 성장에 매몰된 채 사사화되고 형식화된 틀 가운데서 영성적 깊이를 잃어가는 현상이 두드러지게 나타나고 있다. 아울러 한국교회의 목회자들은 바쁜 목회 일정으로 인해 구도자적 영성을 깊게 할 여유를 갖지 못하고 있고, 목회자들은 일상이 생활 영성이 되는 하나님과의 친밀한 교제의 시간이 절대적으로 부족해 보인다.

대다수 개혁교회는 예배를 통해 신학적 진리를 전달하고 회중의 신앙을 강화하려는 목적을 가지고는 있으나 규격화된 순서와 프로그램 중심적 접근으로 인해 예배가 회중의 삶 속에 살아 있는 영적 경험으로 자리 잡기가 어려운 것이 현실이다. 예배의 형식화는 회중들에게 하나님과의 관계를 의식적으로 다가가게 하기보다는 의례적인 관행에 머무르게 하는 결과를 초래하는 특징이 있다. 이는 특히 현대 사회에서 회중이 직면하는 영적 갈증과 깊이 있는 신앙적, 실천적 필요에 부응하지 못하는 원인이 되기도 한다.

한국 개신교 예배의 형식화는 주로 세 가지 요인에서 기인한다.

첫째는, 역사적으로 종교개혁 이후 개신교가 설교를 예배의 중심으로 삼으면서 말씀의 전달에 과도한 비중을 두게 되었다. 이는 설교의 중요성을 인정하면서도 다른 요소들, 특히 묵상과 내적 성찰의 자리가 축소되는 결과를 낳고 말았다.

둘째는, 현대 교회가 성장주의적 관점에서 예배를 설계하고 조직하면서, 회중을 모으기 위한 외형적 요소에 지나치게 의존하게 되었다는 점이다. 이는 깊은 영적 성찰보다는 흥미 위주의 프로그램과 이벤트 중심의 예배로 이어지는 길을 증대시켰다.

셋째는, 다원주의와 세속주의의 영향 아래에서 예배가 영적 본질보다는 문화적 경향에 더 많은 영향을 받으면서 예배 자체에 신비와 초월적 요소가 약화 되었기 때문이다. 이러한 요인들은 예배의 형식적이고 기능적인 면은 강화했으나, 하나님과 깊은 교제를 추구하는 영적 실재를 무디게 만들었다.

이와 같은 형식화의 문제는 한국교회의 예배에서 회중이 예배를 통해 하나님의 임재를 경험하고 내적 변화를 추구하는 데 걸림돌이 되고 있음을 인정해야 한다. 참된 예배는 단순히 외적 의식이나 관습을 넘어, 인간의 영혼이 하나님과 만나는 살아 있는 사건이어야 한다. 그러나 한국 개신교 예배는 이와 같은 영적 깊이를 제공하기보다는 종종 일상적 관례로 축소되고 있는 것이 현실이다.

돌아보면, 칼뱅과 개혁신학 전통도 하나님에 대한 묵상과 침묵의 중요성을 강조했다. 비록 개혁주의 신학이 관상적 요소를 직접적으로 강조하지는 않았지만, 마르틴 루터와 칼뱅 모두 묵상(meditatio)과 기도를 신학적 사색과 신앙생활의 필수 요소로 간주했다. 따라서 개혁신학적 맥락에서 관상신학을 수용하는 것은 전통을 훼손하는 것이 아니라 오히려 신학적 깊이를 더하는 과정이 된다고 하겠다.

2 _ 관상신학에 대한 한국 교계의 논쟁

한국 개신교는 1980년대까지 급속한 성장을 이루었으나, 1990년대 이후 성장이 정체되거나 감소하는 현상을 보이게 되었다. 이 과정에서 한국 사회의 세속화가 진행되었고, 이에 대한 반작용으로 영성에 관한 관심이 상대적으로 증가했다. 이러한 흐름 속에서 개신교 내에서 가톨릭의 관상기도(contemplative prayer)가 일부 수용되기 시작했다. 그로 인해 신학적 논쟁이 촉발되었으며, 많은 신학자들은 관상신학이 개신교 전통과 부합하지 않는다고 비판했다.

'관상신학(Contemplative Theology)'[1]은 서방교회의 신비주의적 전통에서

---

[1] '관상신학(Contemplative Theology)'이라는 용어는 특정한 한 인물에 의해 명확히 최초로 정의되었다고 보기 어려우며 특정 학자보다는 신학적 흐름과 문헌적 발전 속에서 진화해 온 개념으로 이해될 필요가 있다. 이 용어는 초기 교회 시대로 거슬러 올라가 동방교회의 수도원 전통에서 그 뿌리를 찾을 수 있는데, 4세기경의 카파도키아 교부들인 바실리우스 대제(Basil the Great)와 그의 추종자들은 묵상과 관상의 중요성을 강조하며 수도원 운동의 기초를 다졌다. 중세 서방교회에서는 베르나르 클레르보(Clairvaux의 Bernard)와 같은 신비주의 신학자들이 관상과 신비 체험을 강조했다. 이들은 관상을 단순한 철학적 사변이 아니라 하나님과의 친밀한 교제 속에서 얻는 영적 통찰로 이해했다. 관상신학이라는 용어는 현대에 들어서 신학적으로 체계화되었으나, 그 사상적 기원은 성경에서도 발견되는데, 특히 시편과 복음서에는 하나님의 임재를 깊이 체험하는 묵상의 본이 나타나 있다(시 46:10, 마 6:6). 이러한 성경적 뿌리는 교부들과 중세 신학자들에게도 중요한 영감의 원천이었다.

관상신학의 핵심은 하나님과 깊은 만남과 이를 통한 내적 변화를 강조한다. 이러한 접근은 오늘날의 개신교 예배에서도 매우 중요한 시사점을 제공한다. 현대 신학자들은 관상신학이 개인적 신앙뿐 아니라 공동체적 영성에도 큰 영향을 미칠 수 있다고 평가한다. 특히 리처드 포스터(Richard Foster)는 관상기도를 통해 하나님과의 친밀한 관계를 회복하고, 이를 공동체적 예배 속에서 실천할 수 있다고 주장했다. 또한, 단순히 개인적 경험에 그치지 않고, 예배의 구조와 형식에도 변화를 가져올 수 있다. 예배 안에서 침묵과 묵상, 상징적 요소를 활용하는 것은 형

비롯된 내적 영성을 강조하는 신학으로, 하나님과의 직접적인 직관적 깨달음과 내적 체험이 강조된다. 이는 중세 수도원 신비주의, 특히 베네딕트 수도원 영성, 성 요한 십자가의 신비주의, 이냐시오의 영신수련 등에 기반을 두고 있다.

이러한 전통은 초대교회 사막교부들(Desert Fathers)의 영성에서 출발하여, 중세 신비주의자들(베르나르드, 마이스터 에크하르트, 테레사, 요한 등)에 의해 체계화되었다. 이후 현대에 이르러서는 토마스 머튼(Thomas Merton), 리처드 포스터(Richard Foster) 등의 신학자들에 의해 개신교에서도 관심을 받게 되었다. 한국에서는 1980년대 이후 포스트모더니즘과 영성에 관한 관심이 높아지면서 관상기도가 일부 개신교 단체에서 도입되기 시작했다.

그러나 최근 한국교회 현장에서 사용되고 있는 '관상'이란 용어는 그리스도교 영성사의 맥락에서 볼 때 충분한 이해가 전제되어 있지 않아 보인다. 관상이란 용어는 매우 다양하고 포괄적인 의미를 지니고 있지만, 지금 한국교회의 현장에서는 매우 제한적인 의미로 사용되고 있다. 특히 기도와 관련하여 관상이라는 말이 회자되고 있는 편이다.

식화된 예배를 넘어서는 영적 깊이를 추구하는 방식으로 평가된다. 이러한 점에서 관상신학은 현대 개신교 예배의 갱신을 위한 중요한 도구로 여겨질 수 있다.
아울러 관상신학은 인간의 지성적 사고를 초월하여 하나님과 직접적인 교제를 경험하는 영적 실천과 이론을 말한다. 이는 인간의 노력이나 논리적 이해를 넘어, 하나님의 은혜와 초월적 임재를 경험하는 데 초점을 둔다. 초대교회와 중세 수도원 전통에서 관상은 기도의 정점으로 여겨졌다. 초기 교부들, 특히 오리게네스(Origen)와 어거스틴(Augustine)은 묵상과 관상의 중요성을 강조했으며, 중세 신학자들은 이를 더욱 체계화했다. 특히 베르나르드 드 클레르보(Bernard of Clairvaux)와 요한 크리소스토무스(John Chrysostom)는 관상의 신학적 기초와 실천적 틀을 제공했다.

1) 관상신학에 대한 한국교회의 비판적 관점

한국교회의 흐름이 물질문명 속에서 성장 위주로 흐르고, 성령운동이 상업적으로 악용되는 바람에 교회의 성도들은 올바른 신학적 지침을 받지 못한 채 무분별한 영성운동의 개념들 속에서 혼란에 빠지게 되었다. 한국교회에서 한동안 일어난 영성운동은 은사운동(Charismatic Renewal)을 맛보려는 기도원주의 영성운동 그룹이나, 왜곡된 성령운동과 영성운동이 서로 연관되면서 오순절 운동 및 카리스마적 영성운동이 주류를 이루었다. 이는 개인적이고 주관적이며, 현실 도피적인 형태를 띠는 경향을 보이게 되었다. 이것은 수도원적 수덕이나 관상적 영성 형태로 빠지는 등 일방적인 모습으로도 나타났다. 또한 동양철학과 종교와 밀접한 관계를 가지는 심리학적 영지주의 영성운동의 형태도 일어나고 있다.

2011년 예장합동교단 96회 총회의 이단사이비 관련 최대 관심사 중의 하나는 관상기도였다. 예장 합동 측은 관상기도에 대해 "어떠한 교류도 삼가며 철저히 배격해야 한다"라고 결의한 데 이어, 합신 측 역시 관상기도 운동과 레노바레 운동에 대해 "참여하지 말 것"이라고 규정했기 때문이다. 오늘날 관상기도운동에 대해서는 학자들이나 목회자들마다 각각 서로 다른 판단을 내리고 있다.

한국 교계의 관상신학에 대한 인식의 부정적 견해는 먼저, 신비주의적 요소에 대한 우려를 들을 수 있다. 관상신학이 정통 기독교 신앙에서 벗어난 신비주의로 흐를 가능성이 있다는 점이 그것이다.

다음으로는 비성경적 요소 논란을 든다. 일부 보수적인 신학자들은 관상신학이 성경적 기독교 신앙과 일치하지 않는다고 주장한다. 이것은 부정신학(Negative Theology)의 영향으로, 관상기도는 종종 하나님의 존재를 초월적으로 경험하기 위해 성경의 계시를 넘어서는 방향으로 나아간다. 이러한 신학적 태도는 무지의 구름(The Cloud of Unknowing)이나 십자가의 성 요한의 어둔 밤(The Dark Night of the Soul)과 같은 전통에서 강조되었으며, 이는 개신교 신학과 충돌한다고 본다. 또 하나의 부정적 견해는 관상신학이 성경과의 관계가 불분명하다는 주장이 그것이다.

개신교 전통에서는 기도를 성경 말씀과 결합하여 수행하는 것이 일반적이나 관상기도는 때때로 성경 읽기를 강조하지 않고 단순한 침묵과 내적 직관을 통해 하나님과의 합일을 추구한다는 점을 그 근거로 든다.

또 하나는 타 종교적 요소와의 유사성을 이야기한다. 선불교 및 요가와의 관계에서 관상기도는 "자기 비움"과 "무(無)"의 개념을 강조하며, 이는 선불교(禪)나 요가에서 강조하는 수행 방식과 유사하다고 주장한다. 따라서 개신교 전통과 동양 신비주의의 혼합이 이루어질 가능성이 있다고 보는 것이다.

이에 더해 종교다원주의적 위험을 들기도 하는데, 토마스 머튼, 헨리 나우웬 등의 신학자들은 관상기도를 통해 타 종교와의 접촉을 시도했으며, 이는 개신교의 신앙 고유성을 위협할 수 있다고 지적한다. 가톨릭적 배경에 대한 거부감도 빼놓을 수 없는 부분인데, 관상신학의 많은 전통이 가톨릭 영성에서 기인하였기 때문에 개신교 내에서 이를 수용하는 것이 적절한가에 대한 논란이 존재하고 있다.

이와 같은 관상신학을 둘러싼 주요 일반적인 논쟁적 요소는 개신교 신학과의 정합성을 든다.

먼저, 루터(Martin Luther) 및 칼뱅(John Calvin) 신학과의 충돌에서 루터는 "십자가 신학(Theology of the Cross)"을 강조하며, 신자는 자신의 내적 노력이나 신비적 체험이 아니라 예수 그리스도의 십자가를 통해서만 하나님을 경험할 수 있다고 말한다. 아울러 칼뱅의 하나님 중심 신학과 불일치를 예로 들게 되는데 칼뱅은 성경을 기반으로 한 신앙 훈련을 강조하며, 정화(purification)-조명(illumination)-합일(union)과 같은 신비주의적 상승 체계가 필요 없다고 보았다. 그는 신자가 믿음으로 즉각 하나님과 연합하며, 지속적인 회개와 성화를 통해 신앙이 성장한다고 봤다.

신비주의적 요소에 대한 우려로서의 관상기도는 중세 신비주의에서 기원한 것으로, 개신교의 "오직 성경(Sola Scriptura)" 원칙과 충돌할 가능성이 크다. 특히 정화-조명-합일이라는 3단계 신비주의 과정이 개신교 신학과 배치된다는 것이 주요한 비판점이다. 관상신학이 개신교 신학의 기초인 '오직 성경(Sola Scriptura)', '오직 은혜(Sola Gratia)', '오직 믿음(Sola Fide)'의 원칙과 조화될 수 있는지에 대한 논의가 그것이다.

보수적인 입장에서 볼 때 관상신학은 이러한 원칙과 상충한다고 보는 반면 개방적인 신학자들은 이를 현대적 영성의 한 형태로 수용할 수 있다고 주장한다. 또한 영적 실천으로서의 관상기도 논쟁이 있다. '관상기도'는 하나님의 음성을 직접 듣고자 하는 명상적 기도의 형태로, 일부 교단에서는 이를 성경적 기도의 형태로 인정하는 반면, 다른 교단에서는 비성경적 요소를 포함할 위험성이 있다고 보기 때문이다.

이러한 관점은 관상기도가 내적 관조(觀照)로 신적 본질과 접촉하는 것이며, 신접 상태에 들어간 자아를 '고양된 자아'(higher self)라고 보며, 관상기도의 실천을 통하여 도달하는 자아를 그리스도론적 범신론의 사고방식이라고 본다.

이와 더불어, 교회 공동체 내에서의 적용 가능성을 문제 삼기도 한다. 이는 교회 공동체에서 관상신학을 실천하는 것이 신학적으로, 실천적으로 가능할 것인가에 대한 논쟁이다. 일부 교회에서는 이를 새로운 영적 운동으로 받아들이지만 여전히 비판적 측면에서는 이단적인 요소가 포함될 가능성이 있다며 경계하고 있다.

2) 관상기도에 대한 긍정적 접근

반대로 관상기도에 대한 긍정적 접근의 견해를 소개한다. 관상기도는 기독교 영성의 전통에서 중요한 위치를 차지해왔다. 그러나 일부 개신교 보수 신학자들, 특히 한국 개혁주의 진영에서는 관상기도가 신비주의적 요소를 내포하고 있으며, 궁극적으로 종교 다원주의로 흐를 위험이 있다는 이유로 강한 비판을 제기하고 있다.

그렇다면 성경에서는 어떻게 말하고 있을까. 관상신학에 대한 성격적 근거를 살펴보자.

시편 기자는 "여호와의 아름다움을 바라보며 그의 성전에서 사모하는 그것이라"(시 27:4)라고 기록하며, 하나님을 깊이 묵상하는 행위를 표현한다. 또한, "오직 여호와의 율법을 즐거워하여 그 율법을 주야로 묵상하는도다"(시 1:2)라고 명시, 신자가 하나님의 말씀을 깊이 되새기며 묵상하는 것을 강조한다.

신약에서도 예수께서는 자주 한적한 곳으로 가서서 기도하셨으며(막 1:35), "너희는 이렇게 기도하라"고 가르치신 주기도문(마 6:9-13) 역시 단순한 간구를 넘어서서 하나님과의 친밀한 교제를 촉진하는 기도의 모범을 제시한다. 또한 바울은 "너희 안에 이 마음을 품으라 곧 그리스도 예수의 마음이니"(빌 2:5)라고 가르치며, 신자가 그리스도의 성품과 사역을 깊이 내면화할 것을 요청한다.

일부 개혁주의 신학자들은 관상기도를 신비주의적 요소로 간주하며 배격하지만 정작 개혁주의 전통에서도 깊은 기도와 묵상의 실천이 존재했다. 존 칼뱅은 『기독교 강요』에서 "참된 신앙은 하나님을 묵상하며 그분과의 교제 가운데 살아가는 것"이라 하였고, 리처드 백스터(Richard Baxter) 역시 『성도의 영원한 안식』(The Saints' Everlasting Rest)에서 '관상적 묵상'을 강조했다.

청교도들의 기도집인 『비전의 골짜기』(The Valley of Vision) 역시 깊은 묵상과 영적 친밀함을 목표로 하는데, 이는 관상기도의 핵심 요소와 일맥상통한다. 따라서 개혁주의 신학이 전통적으로 깊은 묵상과 관상적 기도를 배척한 것은 아님을 확인할 수 있다.

관상기도가 신비주의를 배경으로 한다는 비판이 있지만, 모든 신비주의가 비성경적이거나 비기독교적인 것은 아니다. 성경 자체가 초월적이며 신비로운 하나님을 계시한다(사 55:8-9). 바울 역시 "우리는 수건을 벗은 얼굴로 주의 영광을 바라보며 그와 같은 형상으로 변화되어 가느니라"(고후 3:18)라며 신자가 하나님과의 친밀한 교제를 통해 변화된다고 가르치고 있다.

초대 교부 아우구스티누스(Augustine) 역시 관상기도의 원형을 보여주는 기도 생활을 강조했다. 그는 『고백록』(Confessiones)에서 "하나님을 향한 마음의 불길이 우리의 내면을 채울 때, 우리는 진정한 안식을 발견한다"고 기술했다. 이러한 전통은 중세 수도원 운동과도 연결되며, 근현대 개신교 신학자들 역시 이를 부분적으로 계승하고 있다.

개혁주의 신학 내에서도 관상기도는 신학적 정합성을 가질 수 있다. 존 파이퍼(John Piper) 역시 관상기도가 성경적 실재임을 인정하며, 이를 "하나님의 말씀 안에서, 하나님의 말씀을 통해 그리스도의 아름다움을 영적으로 보는 것"으로 정의했다. 이는 개혁주의 신학과 관상기도가 대립적이지 않음을 시사한다.

또한 개혁주의 전통에서 강조하는 '은혜의 방편'(Means of Grace) 개념은 기도, 성경 묵상, 성례 등을 포함하며, 관상기도 역시 이러한 은혜의 방편 중 하나로 이해될 수 있다. 렉시오 디비나(Lectio Divina)와 같은 실천은 관상기도의 주요 채널이면서도, 성경 중심성을 유지하는 방식을 제공한다. 이러한 맥락에서 관상기도는 개혁주의 신학과 대립하는 것이 아니라 오히려 영성을 풍부하게 하는 요소로 기능할 수 있다.

관상기도에 대한 비판은 주로 오해와 편견에서 비롯된 측면이 크며, 성경적·신학적 전통 내에서도 충분한 정당성을 가진다. 개혁주의 신학 내에서도 깊은 묵상과 하나님과의 친밀한 교제는 중요한 요소로 자리 잡고 있으며, 관상기도는 이러한 흐름 속에서 적절하게 조화될 수 있다. 따라서 관상신학을 이교적 신비주의로 단정하기보다는 개혁주의 전통과의 접점을 모색하면서 보다 균형잡힌 접근이 필요해 보인다.

(1) 관상신학에 대한 변증

앞서 언급한 관상신학에 대한 부정적 입장에 대한 변증적 내용을 살펴본다.

첫째는 '신비주의적 요소에 대한 우려'다.

비판적인 일부 신학자들은 관상기도가 정통 기독교 신앙에서 벗어나 신비주의로 흐를 가능성이 있다고 주장한다. 특히, 관상기도는 중세수도원적 영성과 연관되어 있으며, 이는 개신교 신학의 "오직 성경(Sola Scriptura)" 원칙과 충돌한다고 본다. 그러나 신비주의적 요소가 포함된다고 해서 반드시 정통 신학에서 벗어난다고 볼 수는 없다. 바울도 "우리는 수건을 벗은 얼굴로 주의 영광을 바라보며 그와 같은 형상으로 변화되어 가느니라"(고후 3:18)라고 말하며, 하나님과 깊은 교제를 강조한다. 또한, 개혁주의 전통에서도 리처드 백스터와 같은 신학자들은 깊은 묵상을 통한 신앙 성장을 강조했다. 따라서 관상기도는 성경적이고도 전통적인 기도 방식의 하나로 인정될 수 있다.

둘째는 '비성경적 요소의 논란'이다.

일부 보수적 신학자들은 관상기도가 성경을 초월하여 하나님의 존재를 직접 경험하려 한다고 비판하며, 무지의 구름(The Cloud of Unknowing)이나 십자가의 성 요한의 어둔 밤(The Dark Night of the Soul)과 같은 가톨릭 전통의 영향을 받았다고 주장한다. 관상기도는 결코 성경을 배제하지 않으며, 오히려 시편 1:2에서 "주의 율법을 주야로 묵상하는 자"와 같이 말씀 묵상을 강조하는 형태로 나타난다. 렉시오 디비나와 같은 전통은 성경을 깊이 읽고 기도하는 방식이며, 이는 개혁주의 신학의 기초와도 조화를 이룰 수 있다.

셋째는 '성경과의 관계 불분명성'이다.

관상기도는 성경 읽기를 강조하지 않고 단순한 침묵과 내적 직관을 통해 하나님과의 합일을 추구한다는 점에서 개신교 전통과 충돌한다고 주장한다. 그러나 관상기도는 단순한 침묵과 직관만을 의미하는 것은 아니다. 개혁주의 신학자들조차 "성경을 읽되, 그것을 묵상하라"라고 강조하며, 이는 관상기도의 기초가 된다. 또한, 예수께서도 한적한 곳에서 기도하시며 하나님과 깊은 교제를 나누셨다(막 1:35). 따라서 침묵과 묵상은 성경적 기도 전통의 일부로 인정될 수 있다.

넷째는 '타 종교적 요소와의 유사성'이다.

비판적 입장에서는 관상기도가 선불교 및 요가에서 강조하는 "자기 비움" 개념과 유사하다는 점에서 개신교 신학과의 혼합이 이루어질 가능성이 있다고 비판한다. 그러나 관상신학의 "자기 비움(Kenosis)" 개념은 성경에서도 강조된다. 빌립보서 2:5-7에서 "그는 근본 하나님의 본체시나…자기를 비워 종의 형체를 가지사"라는 구절이 이를 뒷받침한다. 따라서 기독교적 자기 비움은 동양 사상과 본질적으로 다르며, 이는 성경적 개념으로 이해될 수 있다.

다섯째로 '종교 다원주의적 위험'을 든다.

비판적 입장은 관상기도를 통해 타종교와의 접촉이 이루어질 수 있으며, 개신교 신앙의 고유성이 위협받을 가능성이 있다고 본다. 그러나 관상신학은 기독교적 영성을 타 종교와의 접촉 수단으로 사용하는 것이 아니라 오히려 더욱 깊은 하나님과의 관계로 나아가는 도구로 활용할 수 있다. 토마스 머튼이나 헨리 나우웬의 연구에서도 단순히 타 종교와의 융합을 시도한 것이 아니라 기독교적 묵상의 깊이를 탐구한 것으로 해석해야 한다.

여섯째, '개혁주의 신학과의 정합성' 문제다.

반대자들은 루터와 칼뱅의 신학이 관상기도와 양립할 수 없으며, 특히 '정화-조명-합일'로 이어지는 고전적 신비주의의 상승 체계는 개혁주의 신학의 핵심인 하나님의 주권과 은혜 중심의 신론과 충돌한다고 주장한다. 이러한 관점은 관상기도를 의지적 행위에 기반한 인간의 구원 추구로 오해한 데서 비롯된 것이라 할 수 있다.

그러나 루터와 칼뱅은 모두 깊은 묵상의 신학적 가치를 인정했다는 점에서, 관상기도를 단순히 고전적 신비주의 체계로만 한정 짓는 것은 적절하지 않다. 루터는 『십자가 신학』(Theology of the Cross)에서 기도의 실존적 중요성을 강조하며, 말씀과 기도를 통해 인간의 교만한 이성이 깨어지고, 십자가에 계시 된 하나님 앞에 선 자로서의 겸손한 수용자가 되어야 함을 강조했다. 칼뱅 또한 "참된 신앙은 하나님을 묵상하며, 그분과의 교제 가운데 살아가는 것"이라 며 관조적 영성에 대한 인식이 분명했음을 보여준다.

이런 점에서 관상기도는 개혁주의 신학의 중심 주제들-하나님의 임재, 말씀의 묵상, 신자의 성화-과의 정합성을 가지며, 일정한 방식으로 개혁신학의 영성 전통 안에서 기능할 수 있는 통로로 이해될 수 있다.

관상기도에 대한 비판은 신비주의, 성경과의 관계, 타 종교적 요소, 개혁주의 신학과의 정합성 등 다양한 측면에서 제기되지만 이는 주로 오해에서 비롯된 측면이 크다. 개혁주의 신학 내에서도 깊은 묵상과 하나님과의 친밀한 교제는 중요한 요소로 자리 잡고 있으며, 관상기도는 이러한 흐름 속에서 적절하게 조화될 수 있다. 영성 회복의 도구로서의 관상신학은 개인의 영적 성숙과 하나님과의 친밀한 관계 형성에 유익하다는 점에서 긍정적인 평가를 받는다. 또 전통적 기독교 영성 회복의 차원에서 초대교회의 영성을 회복하려는 흐름 속에서 관상신학이 중요하다고 보는 견해도 있다. 또한 기도와 묵상의 중요성 강조하는 견해에서는 관상신학이 기도와 묵상을 강조하며, 이는 현대의 바쁜 삶 속에서 필요한 영적 실천으로 평가된다.

따라서 관상신학을 배격하기보다는 개혁주의 신학과의 접점을 모색하며 좀 더 균형 잡힌 접근이 요구된다.

(2) 한국교회를 위한 제언

현대 한국교회는 빠른 성장과 외적 성공을 추구하면서 신앙의 내적 깊이를 놓치는 경향을 보인다. 대체로 예배는 감정적인 요소에 치우치거나 단순한 형식적인 의식으로 전락하는 경우가 많다. 이러한 상황에서 관상신학을 통한 영성 회복은 한국교회가 나아가야 할 중요한 방향이 될 수 있다고 본다.

첫째, 한국교회는 예배의 본질을 회복하기 위해 묵상과 침묵을 포함한 예배 형식을 개발해야 한다. 예배는 단순한 감정적 흥분이나 행위 중심의 방식이 아니라 하나님과 깊은 교제를 경험하는 시간이어야 한다. 따라서 개교회 차원에서 관상기도를 활용한 묵상적 예배를 도입하고, 성경적 묵상을 통한 하나님과의 교제를 장려해야 한다.

둘째, 신학적으로 올바른 관상기도 교육이 필요하다. 신비주의로 흐르지 않도록 성경과 개혁주의 신학에 기초한 관상기도를 신학교와 교회에서 가르쳐야 한다. 신학 교육과 교회 지도자 훈련 과정에서 성경적 관상기도의 역할과 의미를 정확히 가르치는 것이 중요하다.

셋째, 개인과 공동체의 균형을 유지해야 한다. 관상기도는 개인의 영성 형성에 집중되지만, 이를 교회 공동체와 연결하는 방안이 마련되어야 한다. 예를 들어, 공동체가 함께 성경을 읽고 침묵 속에서 하나님의 음성을 듣는 공동 묵상 기도 모임을 조직할 수 있다.

넷째, 개혁주의 전통을 존중하면서도 현대 기독교인의 영적 필요를 반영하는 새로운 예배 방식을 개발해야 한다. 개혁주의 신학의 전통을 존중하면서도, 단순한 지식 습득이 아니라 실천적인 영성 훈련을 포함하는 방식으로 나아가야 한다.

다섯째, 한국교회 내에서 관상신학에 대한 건전한 신학적 논의를 진행하고, 이를 통해 신학적 오해를 해소해야 한다. 현재 한국교회에서 관상신학에 대한 이해가 부족하고 오해가 많은 상황에서 신학적 검토와 실제적 적용 가능성을 위해 신학자들과 목회자들이 함께 대화의 장을 열어야 한다.

관상신학은 개신교 신학과 대립하는 것이 아니라 오히려 예배의 깊이를 더하고 영성 회복에 기여할 수 있는 중요한 요소이다. 한국교회는 이를 배척하기보다는 신학적으로 검증된 방식으로 수용하여, 더욱 깊고 풍성한 예배를 형성할 필요가 있다. 예배는 단순한 형식적 행위가 아니라 하나님과의 인격적 교제 속에서 신앙이 성장하는 시간이어야 한다.

관상기도는 이러한 예배의 본질을 회복하는 중요한 도구가 될 수 있으며, 개혁주의 전통과의 조화를 이루며 건강한 방식으로 실천될 수 있다. 이를 위해 신학적 교육과 교회의 실제적 적용이 병행되어야 하며, 한국교회가 앞으로 나아갈 방향에 대한 깊은 성찰이 필요하다.

3 ___ 관상신학의 재발견과 한국 개신교 전통에의 도전

현대 한국 개신교 예배의 형식화 문제는 관상신학의 재발견을 통해 새로운 길을 모색하는 데 일조할 것이다. 관상신학은 기독교 전통 내에서 하나님과 깊은 교제와 내적 성찰을 중시하며, 침묵과 신비를 통해 하나님의 임재 경험과 영적 성숙을 도모하는 데 초점을 맞춘 신학적 전통이다. 그리고 인간의 내적 심층 구조와 하나님의 초월적 실제가 만나는 자리에서 이루어지는 영적 체험과 이를 바탕으로 한 삶의 변화를 추구한다.

이러한 전통은 주로 동방교회와 중세 서방교회의 영성 전통에서 비롯되었으나, 오늘날의 개신교 맥락에서도 중요한 시사점을 제공해 준다. 개혁교회 전통의 말씀 중심의 설교와 공동체적 찬양을 핵심 요소로 삼아온 예배에 대한 반성은 예배의 형식화와 감각적 요소의 강조로 인해 신학적 깊이와 내적 영성의 성숙이 부족하다는 지적을 계속해서 받아 왔다. 따라서, 현대 개신교의 예배 갱신 논의에서의 관상신학은 현대 개신교가 예배와 성례전을 통해 성도들에게 하나님의 은혜를 전달하는 역할을 하지만 외형적 활동과 형식에 집중하는 경향으로 인해서 내적 영성을 충분하게 개발하지 못하는 한계에 대한 대안적(對岸的) 맥락에서 이해되어야 한다. 관상신학이 제공하는 영성적 접근은 개신교 예배와 성례전의 풍요로움을 회복하고, 성도들에게 내면의 성장과 더 깊은 하나님과의 만남을 경험하는 신학적·실천적 대안이 될 수 있다. 이는 형식적 틀을 넘어서는 초월적 경험의 요소를 회복할 수 있는 귀한 예배 자원으로 평가될 것이다.

관상신학은 하나님을 지성적으로 인식하는 것을 넘어, 존재적으로 체험하고 그분과 일치하는 신비적 차원을 강조하는 신학이다. 이는 신학적 사색을 넘어 영적 실천과 깊은 기도 생활을 통해 이루어진다. 라틴어의 관상(contemplatio)에 가까운 용어는 헬라어 동사 θεωρέω(데오레오)로부터 온 θεωρία(테오리아-관상)이다. 피조물 중에서 하나님의 흔적을 발견한 다는 의미로 헬라 교부들 가운데는 '자연 관상(natural contempaltion)'이라는 말을 사용하기도 하였는데, 그 헬라어가 바로 'θεωρία(테오리아)'이다.

인간의 영혼은 만물을 아름답게 하는 절대 선을 항구적으로 소유하지 못하기 때문에 플라톤은 인간의 실존을 항상 불안과 방황 속에 사는 주체자로 보았다. 그러나 그 절대 선은 관상(θεωρία)을 통해서 성취된다고 보았다. 즉 관상은 사랑과 지식의 상승적인 정화의 열매이며, 영혼 안에 있는 신적인 요소인 이성(νόος)이 고귀한 원천과 동화됨으로써 절정에 이르게 된다. 플라톤의 이러한 이해의 배경에는 현상 세계와 이데아의 세계, 표면적 지식과 진정한 지식, 한시적인 것과 불변하는 것 등을 날카롭게 구분하는 경향이 있다. 그러므로 플라톤에게 있어 관상은 이 덧없는 세상에서 방황하는 인간의 이성이 절대자의 임재와 직접적인 접촉을 통해서 현상 세계와 이데아의 세계가 하나로 연합되는 상태로 설명되었다.

현대적 용어로서의 관상(contemplation)은 라틴어 cum(with)과 templum(temple)의 합성어로서 '하나님의 성전에 함께 머무는 것'을 의미한다. 따라서 관상신학은 예배에서 침묵, 묵상, 상징과 같은 신비적 요소를 강조한다. 이는 현대 개신교 예배가 종종 간과하는 부분으로, 말씀 중심의 구조 속에서 잊혀진 내적 깊이를 다시금 불러일으킬 가능성을 제시한다. 관상신학의 대표적 요소인 침묵은 하나님의 음성을 듣는 시간으로 간주된다. 이는 예배 중에 회중이 하나님의 임재를 깊이 체험할 수 있도록 돕는다. 신학자 리처드 포스터는 "관상적 기도와 영성은 우리의 영혼 깊은 곳에서 하나님을 만나는 방식을 새롭게 해준다."라며 관상적 접근의 중요성을 역설했다.

또한 관상신학은 개신교 전통에서 종종 과소 평가된 신비적 체험의 가치를 재조명한다. 종교개혁자들은 중세 교회의 신비주의와 구분되는 성경 중심적 신학을 강조했으나 이는 신비적 경험 자체를 부정하는 것으로 이어지지 않았다. 실제로, 칼뱅은 신비적 요소가 성령의 사역을 통해 회중의 삶 속에 나타나는 중요한 부분임을 강조했다. 관상신학은 이러한 전통적 관점을 현대적으로 재해석하며, 예배가 단순히 교리적 교육의 자리가 아니라 하나님과 깊은 만남의 장이 되어야 한다는 점을 환기시킨다.

한국 개신교 예배와 관상적 접근   2

1   예배에서의 침묵과 신비 요소의 중요성

예배는 단순한 집회나 종교적 관습을 넘어, 신앙 공동체가 하나님을 만나는 신비로운 자리로서의 본질을 지닌다. 한국 개신교 예배에는 침묵과 신비적 요소가 축소되거나 배제되는 경향이 지극히 뚜렷한데, 이는 종교개혁 이후 설교와 찬양이 중심이 되는 예배 구조의 영향과 현대적 효율성과 체계성을 중시하는 예배 문화에서 기인한다. 하지만 침묵과 신비는 예배에서 하나님과의 내적 교제를 강화하고, 초월적 경험을 가능하게 하는 중요한 요소이며, 이러한 부분이 다시금 재조명되어야 한다.

"관상기도는 주 앞에서 이미지나 언어를 사용하지 않고, 마음으로 주님을 지향하는 기도이다. 곧, 침묵 가운데 주님을 사랑하는 마음으로 주님의 품 안에서 쉬는 기도라고 할 수 있다."

이러한 침묵은 하나님과의 교제를 열고 내적 성찰을 가능하게 한다. 예를 들어 예배 중에 침묵의 도입은 회중이 하나님 앞에서 자기 내면을 돌아보고, 그분의 음성을 경청할 기회를 제공한다.

신학자 토머스 머튼은 "침묵은 인간의 영혼이 하나님의 음성을 가장 명확히 들을 수 있는 상태"라며 침묵의 영적 가치를 강조했다. 또한, 신비 요소는 예배를 통해 하나님과의 초월적 만남을 가능케 한다. 성례전, 상징, 음악과 같은 신비적 요소는 단순히 의례적 행위가 아니라 하나님과 만남을 심화시키는 매개체기능을 한다.

통계적으로도 예배에서 침묵과 신비 요소를 도입할 때 회중의 영적 몰입도가 증가하는 사례가 보고되고 있는데, 예를 들어, 미국의 "사회 속의 관상적 마음을 위한 센터(Center for Contemplative Mind in Society)의 연구에 따르면, 침묵의 도입이 포함된 예배에 참여한 신자 중 75% 이상이 예배 후 영적 평안과 내적 성찰의 깊이가 증가했다"고 응답했다. 이러한 연구는 침묵과 신비 요소가 현대 예배에 필수임을 입증해 준다.

오늘날 많은 사람이 한국교회를 염려하고 많은 문제를 지적하는 것 중의 핵심은 교인의 신앙과 삶의 괴리현상이다. 이는 신자 개인과 신앙 공동체가 사회에서 그리스도인의 변화된 모습이 부재함을 반증하는 것이다. 진정한 변화는 안에서부터 시작된다. 이 내적 변화는 하나님의 은혜의 통로로써만 가능하며, 그 은혜의 통로로서의 영적 훈련은 그리스도인에게 필수적인 요소다. 지금까지 한국교회의 현실은 개혁교회의 전통에 따라 대부분이 적극적인 영성 훈련보다는 믿음으로써 의롭게 된다는 이신칭의 교리만을 강조해온 면이 있다.

이신칭의는 원래 고귀한 은혜이지만 오늘날에는 값싸게 치부되고 있다. 구원받은 백성으로 사는 삶의 형성에 대해서는 다소 서툴렀던 것이 사실이다. 그리고 성화와 영적 성숙을 위한 훈련은 상대적으로 부족했다.

이러한 문제에 대해서 예배 갱신의 필요성과 궤를 같이하여, 깊은 영적 내면화와 하나님과의 친밀한 교제를 제공할 수 있는 관상적 접근이 그 대안으로 떠오르고 있는 것이다.

개신교 예배의 갱신은 단순히 형식을 변경하는 것을 넘어, 예배의 본질을 회복하고 영적 깊이를 더하는 방향으로 이루어져야 한다. 관상신학적 접근이 이 목표를 달성하기 위한 중요한 도구로 작용할 수 있다. 관상신학은 단순히 신비적 요소를 강조하는 것에 그치지 않고 신자들이 하나님과 깊은 관계를 경험하도록 돕는데, 특히 관상기도, 묵상, 상징적 요소의 재발견은 회중이 예배를 통해 하나님과의 초월적 만남을 경험할 수 있도록 이끈다.

이와 같은 접근은 예배의 구조적 변화를 포함한다. 설교 중심의 예배에서 벗어나 회중이 적극적으로 참여하고 내적 성찰을 경험할 수 있는 순서를 추가하는 것이다. 예를 들어, 설교와 성례전 사이에 침묵의 시간을 배치하거나 음악과 상징을 활용한 묵상 시간을 도입할 수 있다. 이러한 갱신은 예배를 더이상 단순히 교리적 지식을 전달하는 자리로 한정하지 않고, 영적 변화를 경험하는 자리로 확장하게 된다.

침묵과 신비 요소는 현대 개신교 예배가 놓치고 있는 영적 깊이를 회복하고, 예배의 초월적 본질을 강화하는 중요한 수단이다. 이러한 요소들은 단순히 전통의 회귀가 아니라 현대 예배 문화에서 신자들이 하나님과 깊은 만남을 경험할 수 있도록 돕는 도구로 기능한다. 따라서 관상신학적 접근은 단순히 외형적 예배 형식의 변화가 아닌, 영적 내면화를 통한 전인적 예배를 회복하는 데 도움을 줄 수 있다.

관상신학적 요소는 묵상과 침묵을 중심으로 하나님과의 친밀감을 추구하며, 이는 기복적 신앙의 대안이 될 수 있다. 이에 더해, 관상적 접근을 통한 영적 내면화 강화와 말씀의 깊이 있는 내면화, 단순한 감정적 참여에서 벗어나 영적 실천과 의식적인 하나님 경험의 강화가 필요하다. 이는 개신교 예배의 갱신과 회중의 영적 성숙을 위해 필수적으로 고려되어야 할 방향의 하나가 될 것이다.

2__역사적, 신학적, 예배 실천적 접근 방향

관상신학의 예배적 적용 가능성은 세 가지 주요 관점에서 접근할 수 있다.

첫째, 역사적 접근은 관상신학이 형성되고 발전해 온 맥락을 분석하는 것이다. 동방교회와 서방교회의 영성 전통은 관상신학의 뿌리가 되었으며, 수도원 운동과 신비주의적 실천이 이를 구체화했다. 예로, 베르나르 클레르보(Clairvaux Bernard)는 사랑과 관상의 관계를 강조하며, "관상이 성숙한 신앙의 최고 단계"라고 보았다. 반면, 종교개혁 시대에는 이러한 신비주의가 과도한 의례와 결합되어 오용되었다는 비판을 받았다.

둘째, 신학적 접근은 관상신학이 가지는 교리적 기초를 분석하는 것이다. 관상신학을 지지하는 학자들은 관상이 하나님과의 관계 속에서 얻는 초월적 경험을 제공한다고 주장한다. 리처드 포스터는 "관상기도는 우리 영혼의 중심에서 하나님을 만나는 길"이라고 주장하며, 이를 기독교 신앙의 중요한 요소로 보았다. 반면, 반대하는 견해에서는 관상신학이 지나치게 개인주의적이거나 비성경적이라는 비판을 제기한다. 예를 들어, 개혁주의 신학자들은 관상신학이 성경에 근거하기보다는 주관적 체험에 의존할 위험이 있다고 경고한다.

셋째, 예배 실천적 접근은 관상신학을 현대 개신교 예배에 어떻게 적용할 수 있는지를 탐구한다. 이는 단순히 과거의 전통을 반복하는 것이 아니라 현대 신자들의 필요를 충족시키는 방식으로 재구성해야 한다. 성례전, 침묵, 상징적 요소는 이러한 실천적 적용에서 중요한 역할을 한다. 성공적인 적용 사례로는 현대의 여러 교회에서 시행되는 묵상 중심의 예배와 성례전이 있다.

먼저, '관상신학'이라는 용어의 사용에 있어, 이 용어는 특정한 한 인물에 의해 명확히 최초로 정의되었다고 보기 어렵다. '관상신학'이라는 용어는 기독교 영성 전통의 뿌리에서 발전한 개념으로, 초대교회 교부들과 중세 신비주의 신학자들의 사상을 통합적으로 설명하기 위해 후기 학문적 작업에서 등장한 용어이다. 역사적 맥락에서 '관상신학'은 특정 학자보다는 신학적 흐름과 문헌적 발전 속에서 진화해 온 개념으로 이해될 필요가 있다.

그러나 현대 학문적 사용에서 'Contemplative Theology(관상신학)'라는 용어를 체계적으로 다루기 시작한 사람은 베르나르 맥긴(Bernard McGinn)과 같은 학자로 평가된다. 베르나르 맥긴은 그의 방대한 저술 시리즈인 『The Presence of God: A History of Western Christian Mysticism』에서 기독교 신비주의와 관상의 역사적, 신학적 맥락을 설명하며 이 용어를 학문적 틀 안에서 다루었다. 또한, 관상과 관련된 신학적 담론은 현대 기독교 영성 학문에서 에블린 언더힐(Evelyn Underhill)이나 한스 우르스 폰 발타사르(Hans Urs von Balthasar)와 같은 신학자들에 의해 확장되었으며, 이들은 '관상적 영성'과 '관상신학'의 관계를 탐구하는 데 기여했다.

개신교 학계에서는 리처드 포스터와 달라스 윌라드 같은 학자들이 현대적 의미의 '관상신학'을 체계적으로 설명하는 작업을 수행했으며, 이 용어를 영성학적 논의로 끌어들였다. 하지만 'Contemplative Theology(관상신학)'라는 특정 용어는 역사적으로 사용된 'Mystical Theology(신비신학)'라는 용어와도 밀접하게 연결되어 있다.

관상신학에 대해 상반된 주장들을 소개하면, 개신교 전통에서 관상신학의 도입을 반대하는 학자로는 데이비드 웰스(David F. Wells)는 관상신학이 "성경적 기반이 부족하며, 개신교의 말씀 중심적 전통에 부합하지 않는다고 비판한다. 그는 관상적 접근이 성경을 통한 하나님 계시에 집중하기보다는 인간의 내적 경험에 초점을 맞추는 위험이 있다고 본다."

존 맥아더(John MacArthur)는 "신비주의와 같은 관상적 요소가 성경적 진리에 어긋날 수 있으며, 개신교 전통의 순수성을 훼손할 수 있다고 경고"한다. 그는 침묵과 신비를 강조하는 관상신학이 성경적 진리를 왜곡할 가능성을 지적한다. 알리스터 맥그래스(Alister McGrath)는 "관상신학이 개혁주의 전통에서 발전한 이성적이고 교리 중심적인 신학과 조화되기 어려우며, 성례전을 신비적 체험으로 과도하게 해석하는 것은 개신교 전통과 충돌할 수 있다"고 본다.

반면에 관상신학의 적용에 찬성하는 학자는 리처드 로어(Richard Rohr)는 "관상신학을 통해 영적 깊이를 강조하며, 신비적 체험과 참여적 영성이 현대 교회의 영적 결핍을 보완할 수 있다고 주장한다. 그는 관상이 하나님과 깊은 교제와 회중의 영적 변화를 촉진한다"고 본다. 토머스 키팅(Thomas Keating)은 "관상기도를 중심으로 하나님의 내적 현존과 관계를 심화시키는 도구로써 성례전과 관상신학의 통합 가능성을 제안" 한다. 특히 성찬에서의 내적 침묵과 묵상의 중요성을 강조한다. 제임스 브라이언 스미스(James Bryan Smith)는 "관상적 영성이 개신교의 말씀 중심적 예배와 성례전을 풍성하게 할 수 있다고 주장한다. 그는 관상이 성례전의 신비적 체험을 회중에게 전달하는 중요한 도구임을 강조"한다. 이를 관상신학에 대한 상반된 주장들을 통해서 살펴보자.

먼저, 부정적인 견해의 주장은 '관상신학의 성경적 근거 부족'을 든다. 관상신학이 동방교회와 가톨릭 전통에서 발전한 신학적 요소인 만큼, 개신교의 성경 중심적 접근과는 거리가 있다는 주장이다. 일부 개신교 진영에서는 관상신학을 신비주의나 초월적 경험으로 치부하며, 이는 예배의 규정적 원리를 주장하는 보수신학 진영에서는 성경적 교훈과 일치하지 않는다고 보는 견해가 존재한다.

또한 '성례전의 중심성을 강조하는 것은 개혁주의 신학과 충돌'한다고 보는 관점이 있다. 개신교는 말씀 중심성을 강조하며 성례전은 보조적인 역할로 규정되어 왔다. 성례전을 예배 갱신의 중심 도구로 삼는 것은 개혁주의 개신교 전통의 본질과 충돌할 가능성이 있다고 보는 것이다.

다음으로 '예배 형식의 보수성을 유지해야 한다는 주장'이 존재하는데, 예배 형식의 전통적 구조를 유지하는 것이 신앙 공동체의 일치와 정체성을 보장하는 데 중요하다는 의견이 있다. 관상기도나 신비적 요소의 도입은 관행화된 예배 요소의 이러한 정체성을 약화시킬 위험이 있다는 우려가 제기될 수 있다.

반면 관상신학에 대해 긍정적인 견해의 주장에 따르면, 관상신학이 "개신교 영성 회복의 열쇠가 된다"는 점을 든다. 관상신학은 예배와 성례전에 침묵과 묵상을 도입함으로써 현대 교회의 형식적 예배를 영적으로 갱신할 수 있는 도구가 될 수 있다고 본다. 특히 성찬과 세례와 같은 성례전의 신비적 의미를 강조함으로써, 회중이 예배에 더 깊이 참여하도록 이끌 수 있다고 본다. 아울러, '개신교와 관상신학의 통합 가능성'을 제시한다. 관상신학의 원리는 성경적 명상과 묵상, 그리고 하나님과의 교제를 심화시키는 데 기초하며, 이는 개신교의 말씀 중심 신학과 상충하지 않고 보완적일 수 있다. 루터와 칼뱅 또한 성례전을 통해 신비적 참여와 영적 성장을 강조했기 때문에, 관상신학은 개혁주의 신학과도 조화롭게 통합될 수 있다는 것이다.

관상신학과 개신교 전통 간의 대화가 촉진하면서, 성례전을 중심으로 한 새로운 영성의 가능성을 모색할 기회를 제공해야 한다. 그러나 이를 위해서는 신학적 정당성과 실천적 유용성을 균형 있게 탐구하며, 반대 의

견을 수용하고 대화할 수 있는 포괄적 접근이 필요하다.

그럼에도 불구하고 관상신학과 개신교 전통 사이의 다음과 같은 논쟁이 존재한다. 먼저 '개신교 전통과 관상신학의 이질성'을 들 수 있다. 개신교 전통은 관상신학이 주로 발전한 동방교회나 가톨릭과는 다른 신학적 기초를 가지고 있다. 특히, 말씀 중심적이고 이성적 사고를 중시하는 개혁주의 신학과 감각적이고 신비적인 관상신학의 요소가 조화롭게 융합될 수 있을지에 대한 논란이 존재한다. 예를 들어, 관상기도나 신비적 체험은 개신교에서 종종 '가톨릭적'으로 오해되거나 심지어 반성경적이라는 비판을 받을 가능성이 있다는 점이다.

다음은 '개신교에서 성례전은 말씀 선포(설교)에 비해 보조적인 위치로 여겨져 왔다'는 것이다. 관상신학에서 성례전을 영성 형성의 주요 도구로 강조하는 것은 개신교 내에서 성례전의 비중을 재조정해야 한다는 주장으로 이어질 수 있으며, 이는 전통주의자들로부터 저항의 가능성이 있다.

또한 '회중 참여와 예배 형식의 변화에 대한 저항'을 예상해 볼 수 있다. 개신교 예배는 전통적으로 설교와 찬양, 기도를 중심으로 구성되어 있으며, 침묵, 묵상, 관상기도와 같은 새로운 요소를 추가하는 것이 기존 예배 형식을 왜곡한다는 반대 의견이 있을 수 있다. 회중의 참여를 강조하는 접근이 지나치게 개인적 경험에 치우쳐 예배의 공공성과 공동체성을 약화시킬 수 있다는 우려도 제기될 수 있다.

'관상신학의 성경적 정당성 논쟁'도 마찬가지다. 관상신학에서 강조하는 신비적 체험과 침묵은 성경의 직접적인 가르침과 상관관계가 적다는 비판이 있을 수 있다. 일부는 관상신학이 전통적인 성경적 해석과 거리가 먼 '신비주의'나 '신비 체험'에 근거한다고 주장할 수 있다. 개신교 예배에 관상신학을 적용함에 있어 실제적으로 몇 가지 중요한 한계가 존재한다. 이를 살펴보면 다음과 같다.

개신교 예배와
관상신학 적용의 한계

3

1___개신교 전통과의 신학적 긴장

관상신학의 성격상 일반적으로 개혁교회 안에서 관상신학은 정교회와 가톨릭 신학 전통에 더 익숙한 개념이므로, 개신교 신학적 틀 안에서 이를 전적으로 수용하는 데는 어려움이 따른다.

개신교 신학, 특히 개혁주의 전통은 성경의 객관적 계시를 강조하며, 이를 신앙과 실천의 유일한 기준(sola scriptura)으로 삼지만, 관상신학은 하나님과의 직접적 체험과 내면적 인식을 강조하는 경향성에 있어 개혁주의적 신앙 구조와 긴장 관계를 형성할 것이다. 특히 개혁주의 신학에서는 성경 계시를 통한 하나님의 뜻의 인식을 중시하는 반면, 관상신학은 초이성적(supra-rational)인 신비적 방식으로 하나님과의 연합을 추구하는 면이 존재한다. 따라서 개신교 신학 내에서 관상신학을 적용하려면, 개혁주의적 신학 원리와 조화를 이루는 방식으로 신중하게 접근해야 할 필요성이 제기된다.

2___성경적 근거의 명확성 부족

관상신학이 강조하는 신비적 체험과 하나님과의 직접적 연합이 성경적으로 명확히 뒷받침되는지에 대한 논란이 여전히 존재한다. 예를 들어, 개혁주의 신학자들은 기독교 신앙이 신비적 체험이 아닌 말씀을 통한 계시에 기초해야 한다고 주장하며, 관상기도와 같은 방식이 신학적으로 정당화될 수 있는지 의문을 제기한다.

물론 시편(시 46:10, "너희는 가만히 있어 내가 하나님 됨을 알지어다")이나 예수님의 광야에서의 기도(막 1:35), 바울이 말한 "쉬지 말고 기도하라"(살전 5:17) 등의 구절은 하나님과 깊은 교제와 침묵의 기도를 암시하는 것으로 해석될 수도 있다. 그러나 개혁주의적 해석에서는 이러한 구절들이 관상신학에서 말하는 신비주의적 체험과 동일한 의미를 지닌다고 보기 어렵다. 따라서 개신교 신학 내에서 관상신학을 정당화하기 위해서는 보다 견고한 성경적 해석이 요구된다.

3___개신교 예배 전통과의 실천적 불일치

관상신학이 강조하는 침묵, 내적 묵상, 영적 수련과 같은 요소들이 일반적인 개신교 예배 전통과 다소 일치하지 않는 측면이 있다고 하겠다. 그간의 개신교 예배는 전통적으로 말씀 선포, 공동체적 찬양, 성례전(특히, 성찬)과 같은 외향적 요소를 강조하는 반면, 관상신학은 개인적 내면성과 침묵 속에서 하나님과의 친밀함을 추구하는 경향이 있다. 이는 개신교 예배의 회중적·공동체적 성격과 대비되는 부분이라 할 것이다.

따라서 관상신학을 예배에 적용하려면 이를 조화롭게 융합할 수 있는 실천적 모델이 반드시 필요하다. 예를 들어, 개혁교회 내에서 성경 묵상과 함께 짧은 침묵의 시간을 도입하거나, 성찬 예식 중에 깊은 내적 기도를 포함하는 방식이 고려될 수 있을 것이다.

4 실천적 적용을 위한 교육 및 훈련 부족

관상신학을 지역 교회 상황에서 실천적으로 적용하려면, 이를 위한 적절한 교육과 훈련이 선행되어야 한다. 그러나 개신교 교회는 전통적으로 묵상과 기도보다는 설교 중심의 신앙교육에 집중해 왔으며, 관상적 신앙 훈련을 제공하는 체계적인 교육 프로그램이 부족한 실정이다.

관상신학을 개신교 예배에 도입하려면, 신자들이 이를 신학적으로 올바르게 이해하고 실천할 수 있도록 돕는 교육 과정이 필요하다. 예를 들어, 교회 내에서 "침묵기도 워크숍", "성경 묵상과 관상기도 세미나" 등의 형태로 관상적 요소를 익히는 기회를 제공할 수 있다. 반면에, 관상신학이 개신교 예배에 기여할 수 있다는 점도 설득력을 가진다.

개신교 예배와 관상신학의 기여

4

1__ 영성의 심화와 신앙생활의 내면화

현대 개신교회는 종종 예배의 형식적 요소에 집중하면서 신자들의 내면적 영성을 깊이 성장시키는 데 어려움을 겪고 있다. 관상신학이 도입되면, 신자들은 하나님과의 교제를 단순한 의례적 행위로 제한하는 것이 아니라 내면적으로 하나님과 연합하는 경험을 할 수 있을 것이다. 특히 현대 기독교인들이 빠른 속도로 변화하는 사회 속에서 깊은 영적 침묵과 성찰을 경험할 기회가 적다는 점을 고려할 때, 관상적 요소는 하나님과의 친밀한 관계를 형성하는 데 중요한 역할을 할 수 있다.

2 예배의 신비성과 깊이 증진

관상신학은 예배를 단순한 종교적 의례로 보는 것이 아니라 하나님과의 신비한 만남의 장으로 변환시키는 데 기여할 수 있다. 예배 속에서 침묵의 기도, 렉시오 디비나, 성찬의 영적 묵상 등을 도입하면 신자들은 예배를 더욱 실존적으로 경험하게 되고, 하나님과의 관계를 더욱 깊이 있는 방식으로 형성할 수 있다.

3 영적 형성(Spiritual Formation)과 기도 훈련의 확장

개신교 교회에서는 기도에 대한 교육이 주로 주일 예배나 소그룹 기도 모임에 국한되는 경우가 많다. 그러나 관상기도와 같은 훈련은 신자들이 평소에도 하나님과 지속적인 교제를 유지하고, 신앙을 삶 속에서 실천하는 데 도움이 될 수 있다. 예를 들어, "예수기도(Jesus Prayer)"와 같은 반복적 기도 형식을 활용하면, 신자들이 바쁜 일상에서도 하나님과의 교제를 유지할 수 있는 실천적 도구를 제공할 수 있다.

관상신학 연구는 개신교 예배와 신학 전통과의 긴장 속에서 여전히 여러 가지 한계를 가지지만, 동시에 개신교 예배의 영적 깊이를 증진하고 신자들의 신앙생활을 내면화하는 데 중요한 기여를 할 수 있는 중요한 도전이 된다. 특히 개신교 예배와 성찬에 있어서 관상신학적 접근은 단순히 의례로서가 아니라 하나님과 깊은 교제를 이루는 살아 있는 사건으로 전환하는 데 기여할 것이다. 따라서, 개혁신학적 전통과의 조화를 이루는 방식으로 관상적 요소를 점진적으로 도입하면, 개신교 예배는 더욱 신비롭고 의미 있는 영적 경험으로 자리 잡을 수 있을 것이다.

II
관상신학의 이해와
개신교 예배적 함의

이미 한국교회 안에서도 관상기도를 주축으로 하는 관상신학적 시도가 있고 그로 인한 여러 면에서의 혼란도 있다. 이처럼 관상기도에 대한 많은 관심이 개신교에서 증대되었지만, 관상적 요소는 가톨릭교회나 동방정교회와 같이 다른 전통의 교회에서 통용되는 특징으로만 생각하기도 한다. 그동안 한국교회는 목회자나 평신도 할 것 없이 각종 기도회를 통해 많은 기도 훈련을 해왔다. 한국교회가 기도를 적게 해서 위기를 맞이한 것이 아닌 것 같다. 문제는 그동안 우리가 어떤 기도를 드려왔는가 하는 점이다. 이제는 존재가 변화되는 깊은 기도를 드려야 하는 시점이 되었다고 본다.

틸리히는 "개신교적 의미에서 관상은 양적 정도(degree)가 아니라 질적 특성(quality)을 의미한다"고 말한다. 곧 관상은 우리 안에서 바른 지향을 불러일으키시는 그분에게로 향하고 있다는 사실을 지각하는 질적 특성이 되는 것이다. 라킨(Ernst E. Lakin)은 관상과 관상기도의 관계에 대하여 "관상은 하나님과의 친밀한 사귐과 교제가 이루어지는 어떤 영적인 상태를 말하며, 관상기도는 그 상태에 이르도록 돕는 역할을 하는 길"이라고 표현한다.

이러한 관상기도는 지향의 행위로 하나님의 실재에 대한 현존을 의식하고자 하는 것이다. 이러한 관상기도는 기도를 드리는 자의 사색, 논리적인 추론, 상상이나 정서를 불러일으키는 행위를 넘어 하나님의 고유한 현존을 느끼며 하나님 앞에서의 침묵을 추구하는 상태에 이르게 되는 것이다. 이처럼 관상기도는 단순한 요청이나 간구의 기도를 넘어, 하나님 앞에서 '존재하는 것'에 초점을 맞춘 기도 형태이다. 이는 기도자가 내적 침묵과 고요함을 통해 하나님의 현존을 경험하는 것을 목표로 한다. 관상신학은 이러한 기도적 전통을 신학적으로 정리하고, 하나님과의 신비적 연합을 강조하는 신학적 흐름이다. 고대 교부들의 사상에서 시작하여 중세 신비주의를 거쳐 현대 영성 운동에 이르기까지 관상신학은 다양한 신학적 배경 속에서 발전해 왔다.

관상기도와 예배의 관계에 있어서 전통적으로 개신교 예배는 말씀 선포와 성례전 중심의 구조로 되어 있지만, 현대 예배에서는 점점 더 깊은 영적 체험과 내적 성찰의 요소가 강조되고 있다. 관상기도는 예배 안에서 하나님과 만남을 심화시키는 역할을 하며, 예배의 특정 순서 속에서 활용하여 신앙 공동체가 하나님의 임재를 더욱 깊이 경험할 수 있도록 돕는다.

관상신학의 역사적, 성서적, 신학적 배경   1

1___관상신학의 정의와 신학적 전통

1) 관상신학이란 무엇인가?

신학(theology)이란 두 개의 그리스어에서 비롯된 단어이다. 첫 번째는 "데오스(theos)"로 '하나님'을 뜻하고, 두 번째는 "로고스(logos)"로 '하나님의 말씀'을 의미한다. 초대교회의 위대한 관상 신학자이자 신비주의 신학자라고 할 수 있는 사도 요한은 그의 요한복음서 서론에서 다음과 같이 시작한다.

> "태초에 말씀이 계시니라 이 말씀이 하나님과 함께 계셨으니
> 이 말씀은 곧 하나님이시니라." (요1:1)

여기에서 살펴볼 구문은 '태초에(In the beginning)'와 '하나님, 말씀'이라는 표현이다. '태초'는 그리스어로 "아르케(arche)"는 '모든 것의 근본'이라는 뜻이다. 요한은 이것을 바로 '로고스(logos, 하나님의 말씀)'와 연결 짓는다.

기독교 신학은 두 개의 그리스어에서 비롯되는데 '테오스(theos-하나님)'와 로고스(logos-하나님의 말씀)다. 이중에서 로고스를 중심으로 살펴본다.

로고스는 종종 '모든 것을 붙들고 있는 합리적 원리' 혹은 '궁극적 실재'로 번역되고 해석되곤 한다. 그러나 로고스는 '현재하는 것의 현존(presencing of that which is present)'으로도 해석될 수 있다. '관상신학'은 바로 이 현재하는 것의 현존에 대해 깨어있고 의식하는 것에 관한 신학이다. '현재하는 것의 현존'으로서 로고스는 단순히 존재의 근거가 아니라 하나님의 임재가 실재적으로 드러나는 방식을 나타낸다. 이는 하나님이 단순히 초월적 존재로 멀리 계신 것이 아니라 우리의 삶과 실재 속에 현재하고 계신 분임을 보여준다. 리차드 포스터는 관상신학을 "토대의 회복(Recovering the Roots)"이라고 정의한다.

관상신학은 이 로고스의 현존에 '깨어있음'을 의미한다. 이는 단순히 하나님에 대해 이론적으로 이해하는 것을 넘어서, 하나님의 임재를 경험하고 깨닫는 삶의 방식을 포함한다. '깨어있음'으로서의 관상신학은 우리가 현재 속에서 하나님의 임재에 주목하고 응답하는 것을 강조한다. 즉, 하나님의 현존을 인식하는 태도는 관상적 삶의 본질로, 하나님의 현존 앞에서 마음을 열고, 기다리고, 그 임재를 받아들이는 과정이다. 그러므로 요한복음의 첫 장은 관상신학의 출발점이자 근본적인 틀을 제공한다고 할 수 있다.

로고스는 단순히 철학적 원리가 아니라 하나님이 우리와 함께 현존하시는 방식을 나타낸다.

"관상신학은 하나님의 현존을 경험하고 인식하는 신학적 여정이다. 로고스를 통해, 하나님은 우리 삶 속에서 항상 현재하시는 분임을 깨닫게 된다. 아울러 관상신학은 단순히 신학적 사고가 아니라 하나님의 임재를 체험적으로 받아들이고 응답하는 신앙의 태도다. 결국, 관상신학은 로고스를 통한 하나님의 임재에 깨어있는 삶의 방식으로, 우리의 신앙과 삶의 뿌리를 회복하는 여정으로 우리를 초대한다."

다음의 이야기는 신학이 종종 어떻게 이해되어 왔는지를 풀어내는 데 도움을 준다.

옛날 옛적에 '평지인(flatlanders)'들이 살고 있었다. 평지인들은 모든 현실이 평평하다고 믿었다. 강은 그들의 집이 있는 평지 주변으로 흘렀고, 그들은 그 지역에서 사업을 발전시켰다. 그런데 어느 날 한 방문자가 평지인들에게 찾아와 말했다.

"여러분, 멀리서 보이지 않지만, 저 멀리에는 거대한 산들이 있습니다. 그 산들은 파란 하늘까지 솟아 있으며, 산에는 빙하가 있고, 그곳의 물은 여러분이 이 저지대의 강에서 얻는 물보다 훨씬 풍부하고 깨끗합니다. 나와 함께 그 산들을 보러 가지 않겠습니까?"

평지인들 중 일부는 그런 것들이 존재한다고 믿지 않았다. 하지만 다른 이들은 이렇게 말했다.

"흥미롭군요. 세상이 우리가 알고 있는 것보다 훨씬 더 크고 깊을지도 모르겠어요."

그 산들에 대한 이러한 수준의 지식은 우리가 '확실성의 전설(lore of certainty)'이라고 부르는 것이다. 누군가는 우리에게 어떤 실재(Reality)가 존재하지 않는다고 말한다. 우리는 그 실재를 직접 경험해본 적이 없다. 예를 들어, 평지인들에게는 산이 그러한 존재이다. 마찬가지로, 신학의 특정 형태는 성경 해석학(Biblical Exegesis), 즉 누군가가 쓴 것을 다루거나 성경 신학(Biblical theology)처럼 성경의 큰 주제를 엮어내는 작업일 수 있다.

이는 누군가가 경험한 것을 이해하려는 시도이다. 예를 들어, 하나님 본질에 대한 신조(creeds), 하나님과 인간 사이의 관계 본질, 교회의 본질에 관한 신조들, 혹은 신앙고백 전통(Confessional Traditions) 등은 모두 다른 사람들이 실재를 정의하고 이해하려는 시도를 담고 있다. 마치 평지인들이 산에 대해 들었지만, 자신들은 산을 본 적이 없는 것과 같다. 그들은 산이 있다는 이야기를 들을 뿐, 그것을 직접 경험하지 못했다. 그렇지만 타인의 경험과 글을 통해 일부 평지인들이 평지를 떠나 산으로 여행을 떠나게 되는 것이다.

평지인의 이야기는 신학이 단순히 타인의 경험을 학습하는 데서 끝나지 않아야 함을 상기시킨다. 평지인이 단지 산에 관한 이야기를 듣는 데에 머문다면, 그들은 여전히 산의 실재를 직접 경험하지 못한다. 마찬가지로, 신학이 단순히 타인의 글과 교리에 머문다면, 이는 진정한 하나님과 만남으로 이어지지 않을 수 있다.

신학은 결국 우리 자신이 하나님을 경험하고, 진리를 직접적으로 만나는 여정으로 이어져야 한다. 평지인들이 산을 향해 여정을 떠나는 것처럼, 신학은 다른 사람들의 경험에서 출발하여 우리의 신앙과 삶으로 이어지는 여정이다. 타인의 증언과 신앙 전통은 시작점이다. 하지만 신학은 단순히 타인의 경험을 배우는 데 머물지 않고 우리 스스로가 하나님을 경험하며 더 큰 실재를 발견하는 여정을 초대한다. 결국, 신학은 산에 대해 듣고 배우는 것을 넘어, 직접 산을 향해 나아가고 그곳에서 새로운 실재를 체험하는 과정이어야 한다.

(1) 관상신학의 성서적 기초

페리 르퍼버(Perry D. LeFevre)는 인간적인 것을 초월하는 실재에 대한 인식이 있는 한, 그러한 실재가 인간의 욕구와 인간의 행위에 관심을 보이는 한, 기도는 존재할 것이고 기도의 신학도 존재할 것이라고 주장한다.

관상은 하나님의 현존을 만들어 내는 것이 아니라 하나님의 현존을 의식하는 것이 핵심이다. 이것은 추론이나 사변적 생각과는 다르다. 이러한 진정한 의식은 내가 느끼는 대상과 하나가 되게 하는 것이다. 바울은 갈라디아서 2장 20절에 "그리스도가 내 안에 내가 그리스도 안에 있다"라고 고백한다. 이것은 나와 하나님이 영적으로 일치되는 것을 말한다. 존재론적 일치가 아니라 뜻, 사랑, 의지의 일치를 의미하는 것이다.

관상(contemplation)이라는 용어는 그리스철학에서 비롯된 것으로, 성경 안에는 관상이라는 용어가 직접 표현되지는 않는다. 그러나 개역 개정 성경에 '지식'으로 번역된 "דַעַת(da'ath)를 통해서 보면 본성적으로 초월적이신 하나님을 아는 지식을 언급한다(출 31:3, 시 139:1-4, 잠 24:4, 호 4:1-5). 히브리어의 "דַעַת(da'ath)에 해당하는 헬라어는 γνωσις(gnosis)이다(롬 8:35, 11:33, 고전 13:31, 빌 3:8, 엡 3:19). 알렉산드리아의 교부들은 신플라톤 학파의 테오리아(theoria)를 가져다가 '진리에 대한 지적인 시각"을 의미하는 말로 사용하였는데, 테오리아가 라틴어 '컨템플라시오(contemplatio)를 파생시켜 관상(contemplation)이라는 말의 어원이 되었다. 관상은 'con(함께)'+'templum(집, 지성소, 성전)'의 합성어로, 어원적으로 볼 때 '관상'은 성전 안에 계신 하나님과 함께 머무른다는 뜻으로 이해할 수 있다. 이로써 관상은 단순히 하나님을 추구하는 것만이 아니라 하나님과 친밀한 영적 교제에서의 머무르는 체험을 통해 하나님을 알아가는 것을 의미하는 것이라 할 수 있다.

관상에는 바라봄, 하나님을 아는 지식, 하나님과의 일치 등 3가지 차원이 있다. '바라봄'에 대한 성경의 관련 구절은 요한계시록 1:2절의 "볼지어다 그가 구름을 타고 오시리라 각 사람의 눈이 그를 보겠고 그를 찌른 자들도 볼 것이요."라는 말씀이다. 마가복음 13장 36절, 마태복음 24장 30

절, 마태복음 26:4절, 누가복음 2장 27절, 마태복음 24장 30절, 26장 64절, 데살로니가전서 4장 17절 등도 일반적으로 사용되는 종말론적 후렴구이다.

'하나님을 아는 지식'에 관해 바울이 관상이라는 표현을 쓰지 않고 'gnosis'를 사용하는데(롬 11:33, 고전 13:2, 엡 3: 8), 하나님을 아는 지식을 말할 때는 'gnosis'의 동사형 'egnokate'를 사용한다. '하나님과 일치'에 대해서는 예수님의 대제사장적 기도(요 17: 22, 23), 예수님께서 오신 목적(마 1:22), 예수님의 재림(마 25:, 계 19:7, 9) 등이 있다.

하나님을 아는 지식, 하나님을 바라봄, 하나님과의 일치의 그 궁극적인 소망을 관상을 통하여 지금 경험하고 있음에 대해 바울은 "그런즉 이제는 내가 산 것이 아니요, 내 안에 그리스도께서 사신 것이라"(갈 2:20)는 고백을 통해 자신의 독립적인 인격에 그리스도의 인격이 합치됨을 보여준다.

(2) 관상신학의 역사적 계보와 흐름

관상은 하나님과의 변형적 만남(transformaion)의 가능성과 본질에 관한 것이며 이는 신적 은총을 통해 주어진다. 이는 신적 현존에 의해 변화되고 강화된 의식이다. 니사의 그레고리우스는 모세의 하나님 경험을 그가 어둠 속에서 하나님을 보았다는 점을 들어 그것을 '빛나는 어둠'이라고 정의하였으며 하나님의 광대한 본성에 이끌려 보는 것(seeing)이라고 표현한다. 이러한 그레고리우스의 어둠과 무지를 통한 신성한 만남에서 절정을 이루는 관상 이해는 아포파시즘(Apophaticism)과 부정신학(Apophatic Theology)에 큰 영향을 미치게 된다.

요한 카시아누스(John Cassian)는 관상에 이르는 길로서 마음의 순결을 강조했다. 동방수도원의 아버지로 불리는 그는 관상이란 마음이 순결한 영혼에게 전적인 은총으로 주어지는 내면의 불꽃(fiery)과 침묵(wordless)이다.

히포의 아우구스티누스(Augustine of Hippo)는 『고백록』을 통해 서방교회를 내면의 여행으로 이끌었고 서방교회의 영적 의식(spiritual consciousness)에 크게 이바지했다.

중세 스콜라 철학에 지대한 영향을 준 정체불명의 신학자이자 철학자인 위 디오니시우스(Pseudo-Dionysius)는 그의 『신비신학』(Mystical Theology)에서 하나님께로 가는 여정을 완전한 어둠과 침묵의 경험으로 묘사했다. 이는 관상 전통에 결정적인 영향을 미쳤는데 위 디오니시우스의 주요 공적 중 하나는 영혼의 상승을 〈정화-조명-합일〉의 세 단계로 공식화한 점이다. 디오니시우스는 하나님에 대해 '이 세상 어떤 것과도 다르므로 인간에게 적용되는 속성으로 정의할 수 없다'고 본다. 인간의 언어는 유한하므로 무한자인 신을 설명할 수 없고 우리가 신에 대해 말할 수 있는 방법은 '~은 아니다'라는 부정으로만 가능해, 이를 '부정신학(Negative Theology)'이라고 한다. 그는 신플라톤주의를 바탕으로 신과의 신비주의적 합일을 주장했다.

토마스 아퀴나스(Thomas Aquinas)는 13세기 도미니크 수도회의 수도원을 벗어나 신자들과 접촉을 통해 '관상의 열매'를 나누는 접촉방식을 택하였는데 그는 관상을 언제나 하나님에 관한 지식을 가져다주지만, 일반적 차원의 관념적 이해를 넘어서는 사랑의 만남으로 이해했다.

마틴 루터는 에크하르트, 타울러 등의 독일수도원 전통을 이어받았으며 그의 가르침은 인간은 자신의 행위로 구원받을 수 없고 사람들 가운데 임하신 그리스도를 통해 하나님께서 의롭다고 여겨주신다고 여겼다. 이러한 신학적 이해에서 루터는 인간존재가 그리스도와 연합되었다고 말하기 위해서 생생한 두 개의 표상을 사용한다. 하나는 그 임재에 참여하는 방법으로서 '수덕신학'[2]이며, 또 하나는 그 임재 안에 있다는 징표로서의 '신비신학'[3]이다.

칼뱅은 "신비적 체험"보다는 하나님의 주권과 성령의 조명을 통한 신비적 인식을 강조했다. 그의 대표 개념인 "신적 관조(contemplatio Dei)"는 하나님을 깊이 묵상하는 방식으로, 성경 중심의 관상신학을 확립하는 데 기여했다. 칼뱅은 하나님은 초월해 계신 아버지이시기 때문에 하나님을 닮기 위해서는 아들인 그리스도를 바라보아야 하며, 그리스도와의 연합과 그 열매를 표현하기 위해 영적인 결혼이라는 표상을 사용하기도 한다.

재세례파(Anabaptists)는 경건주의 영성을 강조하였는데 개인적이고 공동체적인 관상적 기도를 중시하며, 성령 체험을 강조했다. 독일과 네덜란드의 메노나이트(Mennonites) 및 아미시(Amish) 공동체에서도 깊은 관상적 기도 전통이 유지된다.

아빌라의 테레사(Teresa de Avila, 1515-1582)는 1577년에 『영혼에 성』을 통해 인간 내면을 성찰하는 기도 단계를 매우 자세히 신비 체험의 여정으로 설명했다. 그리스도인은 가장 불완전한 단계인 첫째 궁방에서 출발하여 가장 깊은 중심의 일곱째 궁방까지를 거치면서 초자연적인 질서에 참

---

2   루터의 수덕신학(Theologia Ascetica)은 인간의 영적성장과 하나님과의 관계를 강조하는 신학적 흐름을 포함한다. 이는 중세 가톨릭의 "공로적 수덕신학"과는 다른데, 루터는 인간의 노력이나 행위가 아니라 하나님의 은혜와 십자가를 통한 구원을 강조했다. 루터는 전통적인 신비주의가 강조했던 "신과의 합일"이나 "신적 직관"을 단순한 인간적 경험으로 보지 않고, 그리스도의 십자가를 통한 신비적 연합으로 이해했다. 인간은 자신의 행위로 하나님을 찾는 것이 아니라 고난과 연약함 속에서 하나님을 발견해야 하며 신비주의적 체험이 아니라 말씀과 십자가를 통한 신비적 참여가 중요하다고 강조했다.

3   루터의 신비신학(Theologia Mystica)은 십자가 신학(Theologia Crucis)과 깊이 연결되며, 신자가 하나님과의 신비적 연합을 경험하는 방식이 고난과 말씀을 통한 은혜 체험임을 강조한다. 루터에게 있어 신비적 체험은 십자가를 통한 하나님의 계시를 경험하는 과정이며, 이는 전통적인 신비주의의 "신과의 합일" 개념과는 차별화된다. 이러한 신비신학은 개인의 신비적 체험보다 하나님의 객관적인 은혜를 강조하는 개신교적 신비주의의 특징을 보여준다.

여하여 변모해 나간다는 내용을 담고 있다. 테레사는 기도를 통해 변형에 이르는 여정을 실천하는 영성 생활과 관상의 높은 단계인 신비 생활이 분리되는 것이 아니라 어떻게 통합되는지를 보여주며 관상과 행동의 일치를 강조한다.

15세기에는 기도 방법이 더 복잡해지고 정신 기도(mental prayer)라는 체계화된 기도의 방법이 확산되었다. 그러나 그때까지만 해도 관상기도는 여전히 영성 수련의 궁극적인 목표로 제시되었다. 16세기에 접어들면서 정신 기도는 생각 위주의 논리적 묵상, 의지적 행위가 강조되는 정감적 기도와 하나님의 은총적 주입이 우세한 관상으로 나누어졌다. 이렇게 각각의 다른 지향과 방법과 목표를 가지는 기도로 완전하게 구분되면서 관상기도는 이제 몇몇 사람에게만 주어지는 특별한 은총이란 생각이 깊어지게 되었다.

17~18세기 경건주의와 복음주의 시대의 관상적 영성을 살펴보면 필립 야코프 슈페너(Philipp Jakob Spener, 1635-1705)는 성경 묵상과 개인적 기도를 통한 신비적 경험을 강조했고, 진젠도르프와 모라비안 공동체(Moravians)는 예수의 수난을 묵상하는 관상적 신비신학을 발전시켰다.

또한, 존 웨슬리(John Wesley, 1703-1791)는 루터파 신비주의와 동방정교회의 관상적 전통(특히 필로칼리아)을 연구하며, 성령을 통한 신비적 변화와 내적 거룩함을 강조했다. 이때 감리교 운동에서 찬양과 기도가 중심이 되는 관상적 영성이 발전했다. 17세기에도 정적주의(Quietism)[4]의 논쟁, 얀

---

4   정적주의(Quietism)는 17세기 가톨릭 영성운동 중 하나로, 인간이 완전히 수동적으로 하나님의 은총에 맡겨야 한다는 사상을 강조한다. 대표적인 인물은 미겔 데 몰리노스(Miguel de Molinos), 마담 귀용(Jeanne Guyon), 프랑수아 페넬롱(François Fénelon) 등으로 정적주의자들은 기도와 영적 생활에서 적극적인 노력보다 완전한 내적 침묵과 소극적 신뢰를 강조했다. 하지만 이러한 개념이 지나치게 발전하면서, 인간의 의지와 노력의 중요성을 배제하는 문제가 발생하였

센주의(Jansenism)[5]의 등장으로 그리스도교 영성은 점점 퇴보하게 되었고 18-19세기에는 아주 특수한 소명을 받은 사람을 제외하고는 관상수도자들과 수녀, 주교, 성직자와 평신도 등 모든 일반적인 기도는 논리적 묵상의 방법들로 한정되고 말았다.

19-20세기의 현대 신비주의와 관상신학의 부활을 살펴보면, 개신교 신비주의가 부활한 시기인 19세기에는 영국과 미국에서 홀리네스 운동(Holiness Movement), 오순절 운동(Pentecostalism) 등이 등장하며 성령 체험과 신비적 영성이 강조되었다. 이때 퀘이커파(Quakers)는 침묵 기도와 내적 조명을 통한 관상적 신앙을 실천했다. 20세기에 들어 개신교 신비신학의 발전에서 칼 바르트(Karl Barth)는 말씀을 통한 신비적 계시를 강조하며 개신교 신비신학의 신학적 토대를 마련했다. 디트리히 본회퍼(Dietrich Bonhoeffer)는 십자가의 영성을 통한 관상적 제자도를 강조했으며, 토마스 머튼(Thomas Merton, 1915-1968)은 가톨릭 수도사였지만 개신교 신학자들에게도 영향을 주었고, 동방정교회와 개신교 신비주의를 연결하는 역할을 했다.

21세기의 현대 개신교 관상신학의 개신교 내 관상기도 운동을 살펴보면, 리처드 포스터, 유진 피터슨(Eugene Peterson) 등의 신학자들을 들을 수 있는데, 이들은 침묵 기도, 렉시오 디비나, 성찰적 묵상 등의 전통을 개신교적으로 적용했다. 이러한 움직임을 통해 복음주의 내에서도 관상적 기

고, 1687년 몰리노스의 사상이 이단으로 정죄되었다.

5   얀센주의(Jansenism)는 구원론에서 철저한 예정론과 인간의 전적 타락을 강조하는 신학 사조이다. 얀센주의는 인간이 스스로 구원에 이를 수 없다고 주장했으며, 결과적으로 신앙생활이 엄격하고 금욕적인 형태로 변했다. 정적주의가 지나친 내적 침묵과 수동성을 강조했다면, 얀센주의는 지나치게 엄격한 도덕적 기준을 강조했다는 차이가 있다.

도와 영적 훈련이 강조되고 있다.

대천덕 신부(Rev. David Paton)는 한국에서 개신교 수도원 운동을 발전시키며, 관상적 신앙을 실천했다. 이는 개신교-정교회 대화와 관상신학의 연결고리를 묶는 데 성공했다. 최근 들어서 개신교 신학자들이 동방정교회의 관상적 전통(헬레니즘 신비주의, 헤시카즘)을 연구하며 새로운 방향을 모색하고 있는데, 현대 개신교 예배에서의 관상적 요소로 찬양, 묵상, 조용한 기도가 중요한 요소로 자리 잡고 있다. 특히 떼제 공동체(Taizé Community)는 개신교와 가톨릭을 아우르는 관상적 예배 모델을 제시하며 세계적으로 영향력을 미치고 있다.

2) 관상신학의 신학적 기둥

관상신학은 기독교 전통에서 신비주의적 요소와 깊은 기도 생활을 포함하는 신학적 흐름으로, 하나님과의 직접적인 만남과 내면적 성찰을 강조한다. 이러한 신학적 흐름은 고대 교부들로부터 시작하여 중세 신비주의, 개신교 전통까지 다양한 시대와 신학적 맥락에서 발전해 왔다.

관상적인 영성을 지니는 두 개의 기둥이 있다. 하나님은 모든 존재의 근저, 곧 숨겨진 곳(hidden ground of love)이라는 것과 우리는 하나님과의 관계에 있어서 '이미 거기에 있는 것을 깨닫는 것'이다. 일찍이 신앙적 신비를 경험했던 많은 영성가들은 이를 다양한 방식으로 강조하고 있다.

초기 기독교에서는 관상(contemplation)이 순수한 신앙적 태도이자 신과의 교제를 위한 중요한 방법으로 간주되었다. 클레멘스 알렉산드리아누스(Clement of Alexandria)와 오리겐(Origen)은 철학적 사유와 신학적 명상을 결합하여 신비적 해석의 토대를 마련했다. 그들은 성경을 단순한 문자적 의미가 아니라 더 깊은 영적 의미를 탐구하는 대상으로 보았다. 특히 오리겐은 "영적 의미를 깨닫기 위한 묵상"을 강조했으며, 신과의 합일을 위한 점진적 영적 여정을 논의했다.

특히 아우구스티누스(Augustine of Hippo) 역시 관상의 중요성을 강조하며, 신에 대한 사랑(Caritas)과 진리를 향한 지적 탐구를 하나로 묶었다. 그는 고백록을 통해 하나님과의 만남은 내면적 성찰과 관상의 정점에서 이루어진다고 서술했다. 아우구스티누스는 "하나님은 우리가 우리 자신에 가까운 것보다 더 우리와 가까우시다. 오! 이전에도 존재하셨고 날마다 새롭게 현존하시는 아름다움이여, 당신은 내 안에도 계시며 내 밖에도 계십니다."라고 고백했다.

중세 기독교 신학에서 관상은 더욱 발전된 형태로 등장한다. 동방교회에서는 팔라마스(Gregory Palamas)의 "에너지적 신학(Energy Theology)"이 중요한 흐름으로 자리 잡았으며, 그는 인간이 신의 본질(οὐσία)에는 이를 수 없으나, 신의 에너지(ἐνέργεια)를 통해 신과 교제할 수 있다고 주장했다. 이러한 사상은 헬레니즘적 신비주의와 동방 정교회의 헤시카즘(Hesychasm) 전통으로 계승되었다.

서방 교회에서는 베네딕트 수도회, 카르투시오회, 시토회 등의 수도원 운동과 함께 관상적 신앙생활이 강조되었다. 특히 버나드 클레르보(Bernard of Clairvaux)는 사랑과 묵상을 통해 신과의 친밀한 관계를 형성하는 것을 목표로 하는 영성 신학을 발전시켰다. 이후 마이스터 에크하르트(Meister Eckhart), 요한 타울러(Johann Tauler), 그리고 독일 신비주의 전통은 내면적 관상의 깊이를 더욱 확장했다. 중세 후반기에는 십자가의 성 요한(John of the Cross)과 아빌라의 성 테레사(Teresa of Avila)가 대표적으로 등장한다. 이들은 '어두운 밤(Dark Night of the Soul)'과 '내면의 성(The Interior Castle)' 개념을 통해 신과의 연합을 위한 영적 과정의 단계를 제시했다.

관상가 토마스 머튼은 '존재의 근저'에 대해 이렇게 말한다.

"우리가 절대 볼 수 없는 깊은 심연 안에, 모든 실재 아래에는 모든 모순

된 것들이 일치를 이루고 모두가 바르게 되는 궁극적 근저가 있다. 이 궁극적 근저는 모든 그리스도인에게 자유와 사랑의 근저이고 인격이다."

또 마틴 레이드(Martin Laird)는 "결국 인간이 어떤 존재인지 설명하려면 먼저 하나님에 관해 말해야 한다. 하나님은 존재의 바탕이시기 때문이다."라고 말한다.

만유의 사랑의 근저로서 하나님의 진리가 관상적 영성에 있어서 하나의 기둥이라면, 또 다른 기둥은 이미 존재하고 있는 그것을 깨는 방법으로써 관상기도 로 설명할 수 있다. 토마스 머튼은 "어떻게 하면 사람들이 하나님과 합일을 이룰 수 있도록 잘 도울 수 있는가?"라는 질문에 관상기도는 우리는 이미 하나님과 합일을 이루고 있음을 깨닫게 되는 것에 불과하다고 했다. 마틴 레이드도 하나님과의 일치는 '획득하는 것'이 아니라 '깨닫는 것'이라고 하며 우리가 관상의 길을 꾸준히 걷다가 보면 우리가 하나님께서 사랑하시는 피조물이라는 존재의 신비를 깨닫게 된다고 보았다.

종교개혁 이후 개신교는 전통적인 신비주의를 비판하면서도 경건주의와 청교도주의 등의 흐름을 통해 내면적 기도를 강조하는 요소를 유지했다. 루터와 칼뱅은 신비주의적 요소를 제한했으나, 루터는 하나님의 말씀과 성령을 통한 내적 경험을 중요하게 여겼고, 칼뱅은 하나님의 주권을 강조하면서도 개인의 경건과 명상의 중요성을 인정했다.

17세기 이후 개신교에서는 독일 경건주의와 웨슬리의 감리교 운동이 영적 체험과 내면적 기도를 강조하며 관상신학적 요소를 담았다. 또한 퀘이커(Quakers) 운동은 침묵 기도(Silent Worship)와 성령의 내적 조명을 통해 신과의 직접적인 만남을 추구했다.

20세기 이후 관상신학은 개신교 내에서도 관심을 받기 시작했다. 토마스 머튼과 같은 수도자들이 동방교회 및 불교적 명상과 대화하면서 개신교의 관상적 신학에 대한 새로운 관심을 불러일으켰다. 오늘날 개신교 공동체에서도 리처드 포스터나 헨리 나우웬과 같은 신학자들이 관상적 기도를 강조하며 새로운 흐름을 형성하고 있다. 이들의 관심과 노력이 개신교 예배에 선한 영향을 미치고 있음은 의미 있는 일이다.

2 _ '살아 있는 신학'으로서의 관상신학

우리는 종종 삶의 여정 속에서의 "하나님, 어디 계십니까?"라고 질문한다. 구약의 아담과 하와의 이야기는 이러한 신학적 질문과 연결된다. 에덴에서 아담과 하와는 자신들의 욕망을 선택하며, 하나님과의 친밀한 관계를 떠나게 된다. 그 결과, 에덴(하나님과의 친밀한 임재)을 떠나는 여정이 시작되었다. 하나님은 에덴을 떠난 그들에게 묻는다. "너희가 어디 있느냐?" 이는 단순히 물리적 위치를 묻는 것이 아니라 그들의 영적 상태와 하나님과의 관계를 묻는 질문이다. 그러나 오늘날 우리의 삶에서 "하나님, 어디 계십니까?"라는 질문은 역으로 고통과 혼란, 그리고 하나님이 부재처럼 느껴지는 순간에 자연스럽게 떠올린다.

삶 속에서 하나님을 경험하는 과정은 세 가지 차원에서 이루어진다. 먼저는 간접적 인식(Indirect Awareness)으로, 성경, 교리, 전통을 통해 하나님에 대해 배우는 단계이다. 이는 타인의 증언과 가르침을 통해 시작되는 여정이다. 두 번째는 직접적 인식(Direct Awareness)으로, 하나님과 만남을 통해 임재를 경험하는 단계를 말한다. 예를 들어, 기도나 묵상 중 하나님의 현존을 느끼는 순간이 그것이다. 세 번째는 실존적 체험(Existential Encounter)인데 삶의 여정 속에서, 특히 고난과 기쁨의 순간에 하나님과의 관계를 체험하는 단계다. 이 단계에서는 하나님께 '어디에 계십니까?'라고 직접 묻게 되는 현실적이고 실존적인 대화가 시작된다.

우리의 신앙 여정은 질문과 응답의 연속이다. 하나님이 우리에게 "너희가 어디 있느냐?" 이 질문은 우리가 하나님과의 관계에서 현재 어디에 서 있는지 성찰하도록 초대한다. 또한, 우리가 하나님께 묻는 질문인 "하나님, 어디 계십니까?" 이는 혼란과 불확실성 속에서 하나님의 임재를 찾는 간절한 외침이다. 신학은 단순히 하나님에 대해 생각하는 것이 아니라 우리의 삶 속에서 하나님과의 만남을 반영하는 것이다. 요한복음에서 말하는 로고스는 궁극적 실재의 임재로써, 하나님이 우리의 삶 속에서 우리와 어떻게 만나는지를 보여준다. 아담과 하와의 이야기는 우리의 신앙 여정 속에서, 하나님과 우리가 서로에게 질문하며 관계를 형성해 가는 모습을 상징적으로 보여준다. 체험적 신학으로서의 신학은 단지 분석적 사고나 교리적 이해에 머무는 것이 아니라 삶의 여정 속에서 하나님과의 실제적이고 실존적인 만남을 통해 형성된다. 이는 신앙이 단순한 믿음의 고백을 넘어, 삶 속에서 하나님과 대화하고 동행하는 여정임을 강조한다.

인간과 신성(Divine) 사이의 이 만남이야말로 실재(reality)의 핵심에 자리 잡고 있다. 하나님을 경험하는 것, 단순히 산을 보는 것이나 산에 대해 듣는 것이 아니라 실제로 그 여정에 참여하는 것이다. 이러한 의미에서 이것이 바로 '살아 있는 신학(living theology)'이다.

기독교 전통은 하나님을 경험하는 데 있어 많은 긍정적인 이미지를 제공한다. 이는 하나님과의 개인적 관계에서 중요한 역할을 한다. 목자(Shepherd)이신 하나님은 우리를 인도하고 보호하시는 분이다. 아버지(Father)이신 하나님은 친밀하고 사랑으로 돌보는 부모와 같은 존재이다. 요새(Castle)와 같은 하나님은 우리의 피난처와 보호막이 되신다. 또한 지지자(Supporter)이신 하나님은 우리의 여정에서 동행하며 힘을 주시는 분이다. 동행하시는 하나님(God who is with us)은 우리의 삶과 여정의 모든 순간에 함께하신다. 이러한 이미지는 신앙 여정에서 희망과 위로를 주며, 하나님과의 관계를 강화하는 중요한 자원이다.

그러나 신앙의 여정은 항상 긍정적이지만은 않다. 삶 속에서 비극과 고난은 피할 수 없는 현실로 다가온다. 고통의 현실 속에서 사람들은 종종 매우 더디고 고통스럽게 죽음을 맞이하기도 한다. 부모는 자녀를 잃고, 가족은 전쟁과 기근을 겪으며 절망 속에 놓인다. 이러한 경험은 하나님께서 어디에 계신지, 하나님이 어떻게 일하시는지에 대한 깊은 질문을 불러일으킨다. 이러한 신앙의 도전과 고난 속에서 하나님은 부재하시는 것처럼 느껴질 수 있다. 이는 인간이 신앙과 의심, 희망과 절망 사이를 오가는 실존적 갈등을 경험하게 만든다. 하지만 하나님과 만남은 단지 개인적이고 내적 경험에 그치지 않는다. 그것은 공동체와 세계의 맥락에서 경험된다. 공공적 차원에서 공동체와 세계 속에서의 경험을 얻게 되는 것이다.

많은 사람이 전쟁, 기근, 폭력과 같은 사회적 고통 속에서 하나님의 정의와 임재를 의심하거나 찾게 된다. 이러한 경험은 신앙이 단지 개인적 위로를 넘어 공동체적이고 공공적인 신앙으로 확장되어야 함을 보여준다. 전쟁과 비극 속에서 "하나님은 어디에 계십니까?"라는 질문은 신학적으로 깊이 고민되어야 할 주제이다.

신앙은 단순히 개인적인 축복이나 보호를 넘어, 세상의 고통 속에서도 하나님의 사랑과 정의를 발견하려는 노력을 요구한다. 따라서 살아 있는 신학(Living Theology)은 개인적인 경험 속에서 하나님과의 친밀한 관계와 위로를 체험하고, 고난 속의 신앙에서 고통과 비극 속에서 하나님을 찾고 그 의미를 묻는 여정을 살아가며, 공공적 차원에서의 공동체와 세계 속에서 하나님의 정의와 사랑을 증언하는 삶을 살아가게 된다. 신앙은 단순히 이론적 이해를 넘어, 삶의 모든 순간과 맥락 속에서 하나님과의 실질적인 만남과 동행을 통해 완성된다. 비극과 고난 속에서도 하나님을 찾고, 그 사랑과 임재를 받아들이는 신앙의 자세가 관상신학과 살아 있는 신학의 본질이다.

하나님께서 우리와 함께하시는 관계를 이야기할 때, "하나님은 그러한 비극 속에서 어디에 계시며 어떻게 임재하시는가?"라는 질문이 제기된다. 이는 신학의 본질적인 질문이며, 우리는 종종 두 가지 측면 사이에서 갈등하게 된다.

첫 번째는 '하나님의 가까이 계심(Nearness of God)'이다. 예를 들어 시편에서 "여호와는 나의 목자시니"라는 고백은 하나님의 친밀한 임재를 나타낸다.

두 번째는 '하나님의 부재(Absence of God)'처럼 느껴지는 경험이다. 같은 시편에서도 "나의 하나님, 나의 하나님, 어찌하여 나를 버리셨나이까?"라는 탄식이 나타난다.

신학을 생각할 때, 특히 개인적인 차원에서는 이러한 두 가지 경험을 다뤄야 한다. 우리가 인생의 길이나 여정을 걸어갈 때, 맑은 하늘의 날이 있다. 길이 분명하고 모든 것이 명확하게 보이는 때다. 모든 것이 잘 풀리고 하나님이 가까이 계신 듯 느껴지는 순간이다. 반면에 폭풍우 치는 날도 있다. 눈보라가 몰아치고, 뇌우이 뒤덮으며, 삶이 비극적이고 고통스럽게 느껴지는 순간들이다. 이런 상황에서는 하나님의 임재가 보이지 않고 모든 것이 혼란스러워진다. 비극적인 경험 속에서 사람들이 가장 큰 질문을 던지는 순간은 바로 이러한 때이다. "하나님은 어디에 계시는가?"라는 질문은 하나님의 부재를 깊이 느끼는 경험에서 나온다. 이러한 순간에는 하나님이 가려지신 듯(Eclipse of God) 느껴지고, 사람들은 마치 고아처럼 느껴지기도 한다. 이런 질문과 경험은 신학적으로 매우 중요하며, 하나님과 인간의 관계를 깊이 탐구하게 만든다. 그것은 비극 속에서조차 하나님의 임재를 어떻게 이해할 것인가를 묻게 만든다.

예수께서는 고통을 아셨고 그것을 직접 경험하셨다. 하지만 이것이 현재, 실존적인 의미로 우리에게 무엇을 의미하는가? 라는 질문이 제기된다. 신학은 이러한 질문에 답해야만 한다. 왜냐하면, 사람들이 인생의 매우 날 것(raw) 같은 순간을 살아갈 때, 하나님이 임재하지 않는 것처럼 느껴지기 때문이다. 그들은 종종 외롭다고 느끼고, 그동안 의지했던 모든 긍정적인 이미지들은 어두운 상황 속에서 너무나 쉽게 무너져 내린다.

기독교 여정에서 우리가 반드시 함께 고민해야 할 두 번째 요소는 '교회에서의 삶'이다. 교회는 단순히 사람들이 모이는 장소가 아니다. 그리스도는 교회의 머리이시며, 교회는 '그리스도의 몸(Corpus Christi)'이다.

이 두 가지, 즉 개인적인 삶에서의 하나님의 임재와 교회라는 공동체 안에서의 하나님의 현존은, 특히 비극과 고난 속에서 우리가 신앙을 이해하고 붙드는 데 중심적인 역할을 한다. 이러한 맥락에서, 신학은 단순히 과거에 대한 이론적인 답을 제공하는 것이 아니라 현재의 삶 속에서 실질적으로 하나님을 경험하고 이해하도록 돕는 것이어야 한다.

하나님이 우리와 함께하시는 관계를 이야기할 때, 특히 비극의 한가운데에서 하나님은 어디에 계시는가? 라는 질문이 제기된다. 이는 신학적으로 중요한 주제이며, 우리는 종종 두 가지 상반된 경험 사이에서 갈등을 느낀다. 요한복음 14-17장에서 예수께서 드린 정교한 기도들을 보면, 우리는 성부, 성자, 성령이 하나이신 것처럼 하나가 되어야 한다고 말씀한다. 우리는 그리스도 안에서 일으켜 세움을 받고, 성부, 성자, 성령 사이의 친밀함과 가까움을 누리도록 부름을 받았다.

그러나 신학을 논의할 때, 단순히 개인적이고 개별적인 차원을 넘어 공동체적 차원으로 나아가면 또 다른 딜레마에 직면하게 된다. 예수님의 기도는 하나 됨을 위한 기도였다. 그러나 현실적으로 그리스도의 임재와 가까움은 어디에 있는가? 교회는 신학적 문제, 개인적 갈등, 예배 방식에 대한 논쟁, 해석학적 차이 등으로 끊임없이 분열되고 나뉘고 있다.

그렇다면 예수께서 기도하신 그 하나 됨을 가져오는 그리스도는 어디에 계실까? 우리가 믿는다고 고백하는 "하나의 거룩하고 보편적이며 사도적인 교회"(one holy Catholic and Apostolic Church) 안에서 성령의 임재는 어디에 있을까? 우리를 실제로 하나로 묶는 성령의 능력은 어디에 있는 것일까? 이 질문들은 단순히 교리적인 답변이 아니라 오늘날 교회가 경험하고 있는 분열과 갈등 속에서 신학적으로나 실질적으로 중요한 도전을 제기한다. 예수께서 기도하신 하나 됨이 현실화되지 못하는 상황에서, "신학은 하나님께서 교회를 어떻게 하나로 묶으시는가?" 하는 질문을 깊이 탐구해야 한다.

이는 단순히 이론적인 답이 아니라 성령의 역사하심과 공동체 안에서의 실제적인 임재를 어떻게 경험할 수 있을지를 묻는 것이다. 따라서 신학을 이해하려는 노력에서, 이 세 가지 차원(지식, 실존적 경험, 공공적 차원)을 단순히 "산이 있다"는 것처럼 아는 지식으로 머물게 할 수는 없다. 신학은 단순히 산의 존재를 누군가에게서 들은 지식이 아니다. 신학은 그 산을 실제로 경험하고, 그 고통과 비극 속에서도 하나님의 임재를 찾아내는 과정을 포함한다. 또한, 신학은 개인의 고통을 넘어, 공동체적이고 공공적인 맥락에서 하나님이 함께하신다는 신앙적 의미를 분명히 드러내야 한다. 이 과정에서 가장 중요한 것은 단순히 정답을 제공하는 것이 아니라 비극의 현실과 신앙적 고백 사이의 긴장을 깊이 이해하고 그것을 진지하게 다루는 것이다. 이는 고통 속에서도 하나님의 임재를 경험하고 해석하는 과정을 요구한다.

우리는 때로 그러한 실재가 존재할 수 있다고 이해한다. 하나님께서 계실 수도 있다고 생각한다. 그러나 실제로 실존적이고, 실질적이며, 삶으로 살아내는 현실 속으로 들어가 보면, 우리는 필연적으로 세 가지 영역에서 살아가게 된다. 개인적인 영역, 공동체적인 영역, 공공적인 영역이다. 이러한 세 영역에서 신학을 고민할 때 우리는 두 가지 메시지를 지속적으로 마주하게 된다. 목자, 아버지, 지지자, 여정에 함께하시는 분으로서의 하나님에 대한 메시지다. 이는 하나님이 가까이 계시고 우리를 돌보신다는 긍정적이고 위로가 되는 이미지이다.

그러나 동시에, 삶의 비극적인 순간에 하나님은 어디에 계시는가? 라는 질문도 마주하게 된다. 유대 전통은 이러한 질문에 대해 특히 깊이 씨름해 왔다. 대표적으로 홀로코스트라는 끔찍한 비극 속에서 하나님이 어디에 계셨는가를 묻지 않을 수 없었다. 히브리 성경에서도 하나님께서 출애굽 사건에서 그들을 구출하시고, 다니엘이 사자 굴에서 살아남는 이야기처럼 극적인 구원의 이야기가 등장한다. 그러나 이러한 이야기들은 마치 월트 디즈니의 동화 같은 해피엔딩처럼 보일 수 있다. 실제로 많은 사람들의 삶의 경험은 이와 같지 않다. 그들에게는 홍해가 갈라지는 기적이 일어나지 않는다. 그들의 인생 속 사자 굴에서는 보호받지 못하는 것처럼 느껴지기도 한다. 비극과 고난의 여정에서 하나님께서 임재하시는 것처럼 보이지 않을 때, 우리는 이러한 신학적 긴장과 딜레마를 다루지 않을 수 없다.

결국, 신학은 이러한 현실적 경험과 신앙적 고백 사이의 간극을 이해하고, 하나님께서 고난과 비극 속에서도 어떻게 임재하시며 일하시는지를 탐구해야 한다. 이는 단순한 설명 이상의 것을 요구하며, 고통과 혼란 속에서도 믿음을 유지하려는 실존적 노력과 연결된다.

사람들은 종종 매우 더디고 비극적인 방식으로 죽음을 맞이한다. 이러한 이야기는 수없이 많다. 인권 침해의 끔찍한 사례들과 그 가운데서 가장 훌륭한 사람들이 가장 더디고 고통스러운 방식으로 생을 마감한 이야기가 있고, 또한 살아남은 사람들조차도 끊임없이 이어지는 심리적 영향 속에서 고통을 겪고 있음을 알게 된다.

로완 윌리엄스(Rowan Williams) 전 캔터베리 대주교가 언급한 작품에서 보면, 그가 가장 좋아했던 책 중 하나이자, 20세기 최고의 신학적 시 작품으로 꼽히는 'T.S. 엘리엇(T.S. Eliot)'의 「Four Quartets」이다. 이 시의 한 부분은 우리가 이러한 질문들을 다룰 때 겪는 어려움을 잘 담고 있다. 이 질문들은 결코 쉬운 것이 아니다. 비극을 과도하게 강조하다 보면, 쉽게 '냉소주의(cynicism)'에 빠질 위험이 있다. 냉소주의는 '하나님은 계시지 않다. 우리는 스스로의 삶을 통제해야 한다'는 결론으로 이어지기 쉽다. 그러나 신학은 이러한 냉소주의를 넘어설 필요가 있다. 엘리엇은 그의 작품에서 비극과 고난의 현실을 외면하지 않으면서도, 그 속에서 깊은 영적 통찰을 제시한다. 「Four Quartets」는 인간 존재의 고통과 시간의 제한 속에서 어떻게 영원한 신적 임재를 찾아낼 수 있는지를 묵상한다.

결국, 신학은 고통과 비극 속에서도 하나님이 계심을 탐구하는 여정이다. 냉소주의에 머물지 않고, 고난과 비극 속에서도 희망과 믿음을 유지하려는 깊은 신앙적 노력과 연결될 때, 신학은 삶의 실질적인 의미를 제공할 수 있다. 이러한 현실은 특정한 방향으로 이어질 수 있다. 특히 불가지론자(agnostics)나 무신론자(atheists)들이 그러한 방향으로 나아가는 것이 어느 정도 이해가 될 때가 있다. 왜냐하면 역사의 많은 부분이 하나님의 부재(absence of God)처럼 보이기 때문이다. 그러나 동시에 우리는 하나님의 임재(presence of God)에 대한 약속을 받고 있다.

T.S. 엘리엇(T.S. Eliot)의 시 「Four Quartets」의 한 구절이다.

"나는 내 영혼에게 말했다. 가만히 있어라,

그리고 희망 없이 기다려라.

왜냐하면 희망은 잘못된 것을 바라는 희망이 될 것이다.

사랑 없이 기다려라.

왜냐하면 사랑은 잘못된 것을 사랑하는 사랑이 될 것이다.

그러나 믿음이 있다.

그러나 믿음과 사랑과 희망은 모두 기다림 속에 있다.

생각 없이 기다려라.

왜냐하면 너는 아직 생각할 준비가 되지 않았기 때문이다."

이 구절은 매우 흥미롭다. 엘리엇은 고통과 불확실성 속에서도, 그리고 하나님이 부재한 것처럼 느껴지는 순간에도 기다림이 믿음, 사랑, 희망의 자리라고 주장한다. 그는 우리가 너무 빨리 답을 찾거나, 너무 단순한 희망이나 사랑에 의지하지 않도록 경고한다. 대신, 깊은 기다림 속에서 삶의 진정한 신비와 하나님의 임재를 찾으라고 권유한다. 이 메시지는 비극과 혼란 속에서도 하나님의 약속을 붙드는 신앙의 여정에서 중요한 통찰을 제공한다.

우리가 답을 찾기 전에, 우리는 고요함 속에서, 생각 없이, 그리고 기다림 속에서 하나님의 임재를 경험할 준비를 해야 한다는 것이다. T.S. 엘리엇의 Four Quartets와 관상신학의 중요한 부분은 '머무르는 태도'에 있다. 이는 기다리고, 주목하고, 경청하며, 삶의 복잡하고 어려운 여정 속에서 실존적으로 다가오는 깊은 진리를 배우는 과정이다. 삶의 여정 한가운데 있는 사람들은 누구나 이러한 복잡한 길을 마주하게 된다.

관상신학의 핵심 요소 2

1__'누스'와 영적 인식

1) 누스의 본질과 메타노이아(Metanoia)

'누스'의 오해는 또 다른 중요한 그리스어 단어인 '메타노이아(metanoia)'의 번역에서도 문제가 된다. '메타노이아'는 종종 '회개(repentence)'로 번역되며, 이 과정에서 '마음의 변화(change of mind)'로 해석되곤 한다. 그러나 '메타노이아'의 본래 의미는 단순히 '생각을 바꾸는 것' 이상의 깊은 변화이다. 그것은 누스의 전환 또는 영적 인식과 방향의 변화를 의미한다. 이는 단지 이성적 사고의 변화가 아니라, 인간 존재의 중심이 하나님을 향해 돌아서는 것을 포함한다. 누스를 설명할 때 가장 적절한 표현 중 하나는 '마음의 눈(the eyes of the heart)'다. 누스는 단순히 사물을 논리적으로 분석하거나 사고하는 것이 아니라, 심령의 눈으로 영적 실재를 인식하는 능력이다. 이는 우리가 하나님을 향해 마음을 열고, 그분의 임재와 뜻을 깊이 이해하는 데 필수적이다. 신약성경에서도 누스가 단지 지적 사고에 국한되지 않고, 인간 전체를 아우르는 영적 기능으로 사용되는 것을 볼 수 있다. 예를 들어 로마서 12장 2절에서는 "마음을 새롭게 함으로 변화를 받으라"라고 주장한다. 여기서 '마음'은 누스와 깊이 연관된다. 에베소서 1장 18절에서는 "너희 마음의 눈이 밝아지게 하사"라는 표현이 등장한다. 이는 누스가 하나님의 계시를 이해하는 영적 지각으로 작용함을 보여준다.

2) 필로칼리아(Philokalia)[6] 전통에서 누스의 역할

누스는 단순한 '추상화(abstraction)'나 개념 형성(conceptualization), 또는 '논리적 연역(deductive reasoning)'과 같은 과정에 의존하지 않는다. 대신, 누스는 즉각적인 경험, 직관(intuition), 또는 '단순한 인식(simple cognition)'을 통해 진리를 이해한다. 시리아의 성 이삭(Saint Isaac the Syrian)은 이를 단순한 인식(simple cognition) 또는 '직접적 앎(knowing directly)'이라고 설명한다.

---

6   필로칼리아(Philokalia)는 동방 정교회의 영성 전통에서 매우 중요한 문헌으로 4세기부터 15세기까지의 교부들의 영적 저작들을 엮은 선집이다. 특히 관상기도(Hesychasm)와 깊은 관련이 있는 영적 삶의 지침서인데, "Philokalia"는 헬라어 φιλο- (사랑) + καλός (아름다움) → "아름다움을 사랑함"이라는 뜻으로 이 "아름다움"은 단순한 미적 감각이 아니라, 하나님의 선하심과 영광, 영적 순수성을 가리킨다. 1782년, 성 니코데모스 하기오리테스와 마카리오스 콜리바스가 편집하여 그리스어로 최초 출판하였고, 이후 슬라브어 번역과 러시아 영성 전통을 거쳐 서방에도 큰 영향을 주었다. 대표적인 저자로는 안토니우스 대제(3-4세기): 금욕과 내면의 싸움을 강조, 마카리우스 대제(4세기)성령 체험과 마음의 변화, 에바그리오스(4세기)영적 사고(logismoi), 8가지 정욕 분석, 막시무스 고백자(7세기)인간의 신화(theosis) 가능성 체계화, 시메온 신학자(10세기)신비 체험 강조, "빛의 체험",그레고리우스 팔라마스(14세기)신적 에너지 참여와 관상기도 옹호 등이 있다. 필로칼리아 전통의 영성적 특징은 지속적인 회개, 마음의 집중, 육체-영혼의 통합, 신비적 체험이 강조된다.

이는 논리적 분석이 아니라, 진리를 직접적으로 체험하고 깨닫는 능력이다. 누스는 개념적 추론에 의존하지 않으며, 누스는 단순히 표면적인 사고나 외적인 활동에 머물지 않고, 영혼의 깊은 곳에 거한다. 이는 인간 존재의 중심에서 작동한다. 누스는 심장의 가장 내밀한 측면을 구성하며 마음의 가장 깊은 부분을 말한다. 이는 단순한 감정적 활동이 아니라, 심령(spirit)의 중심부에서 작용하는 영적 기능이다

누스는 하나님을 체험적으로 인식하는 도구로서 관상신학에서 중심적인 역할을 한다. 직접적이고 체험적인 인식으로서의 누스는 하나님과의 만남을 통해 추론이 아닌 체험으로 진리를 깨닫는 능력을 제공한다. 이러한 누스는 즉각적이고 직관적인 접근을 제공하는데 누스는 심장을 통해 작용하며, 논리나 개념 형성을 넘어선 방식으로 하나님의 임재를 인식한다.

근대의 이성 중심적 사고는 누스를 단순히 이성과 동일시하는 경향이 있지만, 필로칼리아는 이를 분명히 배격한다. 누스는 논리적 사고를 초월하여, 인간의 내적 중심부에서 영적 진리를 직접 경험하고 이해하는 도구이다. 이는 데카르트적 사고에서 벗어나, 관상적 삶과 체험적 신앙으로의 초대이다.

필로칼리아는 누스를 단순한 이성적 사고가 아닌, 영적 인식의 핵심 도구로 정의한다. 누스는 논리를 초월하여, 하나님을 직접 체험하고 진리를 깨닫는 내적 능력이다. 그것은 인간 존재의 가장 깊은 부분에서 작용하며, 영혼과 마음의 중심에서 하나님과의 만남을 이끄는 역할을 한다. 누스는 단순한 개념적 이해를 넘어, '관상적 신학'의 핵심적인 도구로서, 하나님을 체험적으로 알고 진리를 직접적으로 깨닫는 삶으로 우리를 초대한다.

2 ___ 침묵, 내적 성찰, 그리고 참여적 경험

'누스(nous)'는 관상의 기관이며, '마음의 눈(eye of the heart)'으로 비유된다. 이 정의는 누스가 단순히 머리로 하는 지식이나 분석적 사고 또는 논리적 연역을 의미하지 않는다는 것을 강조한다. 누스는 머리가 아니라 마음에서 살아가는 상태를 의미하며, 마음의 눈만이 볼 수 있는 것을 인식하는 기능을 한다. 누스의 활동은 노에시스(noesis) 또는 '노에틱 앎(noetic knowing)'으로 불린다. 이는 누스가 수행하는 구체적인 인식 활동을 나타낸다. 노에시스는 추상적 개념을 논리적으로 생각하거나, 단순히 시각적 이미지를 마음속에서 떠올리는 행위가 아니다. 이는 상상력(imagination)이나 단순한 기억(recollection)과는 본질적으로 다르다.

노에시스는 영적 실재를 직접적으로 인식하는 능력을 말하는데 누스의 본질적 기능은 영적 진리와 실재를 직접적으로 파악하는 것이다. 이는 추론이나 중개 과정을 거치지 않고, 즉각적이고 직접적인 경험을 통해 이루어진다. 마음에서 살아가는 누스의 역할은 단순히 머리로부터 정보를 처리하는 것이 아니라, 마음으로부터 살아가는 방식을 의미한다. 누스는 인간 존재의 영적 중심부에서 작용하며, 단지 머리로 사고하는 것을 넘어 깊은 직관과 체험을 통해 진리를 인식한다. 누스는 하나님을 직접적으로 체험하고 인식하는 도구로, 관상신학의 핵심 역할을 한다.

노에시스의 특징은 직관적 인식이다. 노에시스는 사고 과정 없이 직관적으로 진리를 이해한다. 노에시스는 영적 실재에 직접적으로 접근하여 그것을 체험하고 인식한다. 이는 논리적 과정이나 개념적 형성을 거치지 않고, 하나님과의 중개 없는 직접적인 만남을 가능하게 한다. 기도와 침묵 속에서의 앎으로서의 노에시스는 종종 '헤시카즘(Hesychasm)'의 기도와 같은 영적 실천 속에서 가장 잘 드러난다. 이는 내적 고요를 통해 하나님과의 만남을 이루는 과정이다. 성 이삭(St. Isaac the Syrian)이 강조한 '단순한 인식(simple cognition)'은 노에틱 앎의 본질을 보여준다. 이는 복잡한 사고 없이도 하나님을 깊이 체험하는 것을 의미한다.

1) 동굴과 태양 : 플라톤적 비유와 신학적 함의

플라톤은 인식을 네 단계로 나누는데 상상(imagination)은 그림자나 반사된 이미지를 현실로 여기는 단계이고, 신념(belief)은 물리적 세계와 감각적 경험에 의존하는 단계이며, 사고(thought)는 이성적으로 사고하고 분석하지만, 여전히 추론에 의존하는 단계이다. 그리고 이해(intelligence)는 누스를 통해 직접적으로 진리를 인식하는 단계로 이는 초월적이고 본질적인 실재를 인식하는 가장 높은 차원의 인식이다. 여기에서 누스의 역할은 분할선의 상위 단계로 올라가기 위해서는 누스가 작동하여 진리를 직접적으로 인식해야 한다.

플라톤의 이러한 비유들은 초대교회의 신학적 사고에 중요한 영향을 미쳤다. 다음과 같은 방식으로 관상신학과 연결되었는데, 플라톤의 동굴에서 탈출하는 과정은 죄와 무지의 속박에서 벗어나 하나님을 향한 영적 여정으로 해석되었다. 태양의 비유는 '하나님 또는 로고스(Logos)'를 상징하며, 그 빛을 통해 인간은 진리를 직관적으로 인식할 수 있다. 빛을 받기 위해, 우리의 눈(인식)은 조정되고 형성되어야 한다. 이 과정은 "누스(nous)"를 통해 이루어지며, 이는 단순히 논리적 추론이 아닌 '직접적이고 관상적인 앎(contemplative knowing)'의 영역이다. 동굴 입구에서 우리는 태양빛을 기다리고 받아들여야 한다. 이 기다림은 '마음의 눈(eye of the heart)'이 열리고, 빛을 받아들일 준비가 되는 과정을 포함한다. 분할선의 상위 단계로 올라가는 과정은 감각적 세계를 넘어 영적 진리를 깨닫는 여정으로 묘사되었다.

플라톤의 비유들은 누스가 단순히 이성을 넘어서, 진리를 직접적으로 인식하는 도구임을 강조한다. 누스는 그림자와 감각적 세계를 넘어, 진정한 실재를 인식하는 중심적인 역할을 한다. 이 개념은 초기 기독교 신학과 관상신학에서 영적 여정과 하나님과의 만남을 설명하는 데 중요한 틀을 제공하며, 우리가 표면적 지식을 넘어서 하나님을 직접 체험하고 깨닫는 과정을 이해하는 데 도움을 준다.

플라톤의 동굴의 비유에서, 사슬에 묶인 사람이 은총에 의해 사슬에서 풀려나고, 누군가(멘토 또는 스승)가 그를 동굴 입구로 이끈다. 이 과정은 교육 또는 멘토링을 통해 이루어질 수 있으며, 이는 '소크라테스식 학습(Socratic learning)'으로 상징된다. 플라톤은 이 단계를 '사고와 이성(reason)'의 한계로 설명한다. 즉, 이성적 사고와 논증은 우리를 동굴 입구까지 데려갈 수 있지만, 더 높은 앎으로 나아가기 위해서는 이성을 초월한 인식이 필요하다. 플라톤이 묘사하는 동굴 입구에서 태양빛을 기다리는 상태는 '관상적 앎(contemplative knowing)'의 본질을 보여준다. 관상적 앎은 단순히 우리가 사고를 통해 도달하는 것이 아니라, 은총으로 주어진 진리를 받아들이는 과정이다. 이는 누스를 통한 직접적인 체험으로, 중개 없이 진리와 접촉하는 것을 의미한다. 마음의 눈으로 보는 것으로서의 관상적 앎은 머리로 이해하는 것이 아니라, 마음의 눈을 통해 진리를 바라보는 것이다.

이 비유는 초기 기독교 신학에서, 특히 '관상신학'에서 깊은 의미를 갖는다. 이것은 빛은 하나님으로부터 온다는 것인데 동굴 입구에서 기다리는 상태는, 인간이 자신의 능력만으로는 하나님께 도달할 수 없고, 하나님의 '은총(grace)'을 받아야 한다는 사실을 상징한다. 관상적 앎은 스스로 노력하는 것이 아니라, 하나님의 계시와 임재를 기다리고 수용하는 태도를 포함한다. 이는 기독교 신학에서 하나님과의 직접적인 만남과 체험을 설명하는 도구로 사용되며, 진리를 기다리고 수용하는 은총의 과정으로 이해된다. 결국, 이는 하나님을 있는 그대로 바라보고 체험하는 삶으로 나아가는 여정을 묘사한다.

2) 침묵과 기다림의 자세 : 수용적 태도로서의 관상

관상신학에서 기다림을 배우는 일은 단순히 하나님에 대해 이야기하거나, 하나님을 구현한다고 주장하는 제도에 의존하는 것을 넘어선다. 이것은 실질적으로 하나님을 경험하는 실존적 여정 속에서 이루어지는 일이다. 그리고 이 여정에서, 우리가 정직하려 한다면, 매우 어렵고 시급한 질문들에 직면하지 않을 수 없다.

누스는 단순한 지적 활동의 도구가 아니라, 영적 진리를 직접적으로 인식하고 체험하는 기관이다. 누스의 활동인 노에시스는 하나님과의 직접적인 만남을 통해 영적 실재를 체험적으로 이해하는 방식이다. 이를 통해 우리는 머리에서 마음으로 이동하여 진리를 깊이 체험하고, 하나님과의 직접적인 만남을 통해 영적 실재를 인식하며, 관상신학에서 말하는 하나님과의 연합의 길로 나아간다. 노에시스는 단순히 생각하는 것을 넘어, 마음의 눈으로 진리를 보고 체험하는 여정이다. 플라톤의 동굴의 비유(The Cave Analogy)[7]과 태양의 비유(The Sun Analogy)[8]들은 초대교회의 신학적 사고에 중요한 영향을 미쳤다. 초기 교회는 태양을 하나님 또는 로고스(Logos)로 연결하여, 빛을 통해 진리를 인식하는 과정을 신학적으로 해

---

7   동굴의 비유에서 사람들은 동굴 속에 갇혀 있으며, 사슬에 묶인 상태로 벽에 비치는 그림자만을 볼 수 있다. 이 그림자는 외부 세계의 실제 사물로부터 오는 반사된 그림자이지만, 동굴 속 사람들은 그것을 현실로 믿는다. 여기에서 누스의 역할은 동굴에서 벗어나기 위해서는 단순히 이성적인 사고로 그림자를 분석하는 것이 아니라, 누스를 사용하여 진정한 실재를 인식해야 한다. 이는 표면적이고 감각적인 지식을 넘어 진정한 실재로 나아가는 과정이다.

석했다.

플라톤의 분할선은 현대 철학에서도 강력한 영향을 미쳤다. 특히 시몬 베유(Simone Weil)는 이를 자신의 사상에 통합하여 '수용적 기다림(attente)'이라는 개념을 발전시켰다. 베유는 인간이 진리를 인식하려면 주의 깊게 기다리는 태도가 필요하다고 주장했다. 이는 단순히 노력(striving)하거나 수동적으로 머무르는 것(passivity)이 아니라, 적극적인 개방성과 수용성의 상태를 의미한다. 베유는 이 상태를 "노력과 수동성 사이의 달콤한 지점(sweet spot)"이라고 설명했습니다. 이는 인간이 스스로 노력으로만 진리에 도달할 수 없으며, 동시에 완전히 수동적인 상태로도 머물러서는 안 된다는 점을 강조한다.

칼리스토스 웨어(Callistus Ware)는 이러한 상태를 다음과 같이 표현한다. "힘없이 늘어진 손목도 아니고, 꽉 쥔 주먹도 아니다. 오히려 열린 손으로 임재를 수용하는 태도이다." 이는 단순한 수동성이나 강한 의지의 과잉을 넘어서, '수용적 열림(open receptivity)'의 상태를 강조한다.

철학자 '마르틴 하이데거(Martin Heidegger)'는 이를 '게라센하이트(Gelassenheit)'라는 독일어 개념으로 설명했다. '게라센하이트(Gelassenheit)'는 문자적으로 "놓아줌" 또는 "해방(releasement)"으로 번역될 수 있다. 이는 지식과 통제에 대한 집착에서 벗어나는 상태를 의미하며, 스스로의 주도권을 내려놓고 존재와 진리 앞에 열리는 태도를 나타낸다. 하이데거의 개념은 바울이 강조한 '양보(yielding)'의 신앙적 태도와도 일치하는데, 이는 우리

---

8 태양의 비유에서 플라톤은 태양을 진리와 선(goodness)의 상징으로 사용한다. 태양은 세상을 비추고 생명을 유지하게 하는 근원이자, 모든 것을 이해할 수 있게 하는 빛이다. 누스의 역할은 태양을 인식하기 위해서는 단순한 감각이 아닌, 누스를 통한 더 높은 인식이 필요한다. 태양은 감각적으로 볼 수 있는 빛 이상의 존재이며, 이를 이해하는 것은 영적 통찰을 요구한다.

가 하나님과의 관계에서 우리의 통제권을 내려놓고 하나님의 임재를 받아들이는 상태를 의미한다. 이러한 열린 수용의 태도는 단순히 아무것도 하지 않는 수동적 상태가 아닙니다. 이는 적극적인 기다림과 주의(attention)의 상태이며, 하나님의 임재와 진리를 받아들이기 위해 준비된 상태이다.

인간의 본능은 지식을 통제하고 소유하려는 경향이 있다. 그러나 참된 앎은 스스로 지식을 완전히 지배하고 소유하려는 태도인 '마스터리(mastery)'를 내려놓고, 진리가 우리에게 자연스럽게 드러나도록 허용할 때 가능해진다. 이는 지식과 진리에 대한 강박적 집착에서 벗어나, 열린 마음과 영혼으로 임재를 기다리는 상태이다. "하나님의 임재가 지평선 너머로부터 나에게 다가오는 것을 받을 준비가 된 상태"라고 표현할 수 있다. 이는 우리의 능력이나 의지가 아닌, 하나님의 은총이 먼저 다가오는 것을 인식하고 받아들이는 상태를 의미한다.

"주님, 사안의 본질을 나에게 보여 주소서(Lord, show me the heart of the matter)." 이 기도는 사물의 표면을 넘어서 본질을 보게 해 달라는 요청이다. 이러한 기도는 지식과 통제를 넘어, 마음의 눈으로 진리의 중심을 보게 해달라는 간절한 소망을 표현한다. 이러한 논의는 인간이 하나님의 임재와 진리를 인식하는 방식에 대한 깊은 신학적 통찰을 제공한다. 참된 앎과 신앙은 스스로의 통제와 주도권을 내려놓는 데서 시작된다. 이는 단순히 노력하거나 수동적으로 머무는 것이 아니라, 적극적으로

열린 수용의 자세를 요구한다.

칼리스토스 웨어와 하이데거, 그리고 조지 그랜트의 통찰은 모두, 열린 손과 열린 마음을 통해 우리가 하나님의 임재를 경험할 수 있음을 강조한다. 관상적 삶과 누스의 활동은 우리를 하나님과의 깊은 관계로 이끄는 길이며, 진정한 회개의 본질적 여정으로 우리를 초대한다.

하나님을 향한 전환(Turning towards God), 사랑을 향한 전환(Turning towards love), 그리고 그 사랑을 받아들이는 '수용적 태도(receptivity)'는 관상의 핵심적 자세를 형성한다. 이는 태양으로부터 오는 빛과 같이 하나님의 사랑이 우리에게 은총으로 주어지는 방식을 설명한다. 이 과정은 단순한 인간의 노력으로 도달할 수 있는 것이 아니라, 하나님께서 먼저 다가오시는 은총의 행위를 기다리는 태도를 요구한다.

동방교회와 서방교회의 관상적 전통

3

1___동방의 헤시카즘(Hesychasm) 전통과 예수 기도

고대 그리스와 초기 기독교 전통에서 누스는 영적 관상의 기관으로 여겨졌다. 이는 하나님과 깊은 연결을 가능하게 하는 중심적 역할을 한다. 관상신학에서 누스는 단지 논리적 사고의 도구가 아니라 하나님을 인식하고 체험하는 영적 감각으로 작동한다. 관상적인 삶에서 누스는 깨어 있음으로써 단순히 논리적 사고를 넘어 영적 직관과 존재의 깊은 차원을 깨닫게 한다. 아울러 침묵 속의 경청에서의 누스는 하나님의 임재를 듣고 인식하는 도구로, 침묵 속에서 하나님과의 교제를 가능하게 한다.

또한 변화의 중심으로서 누스는 메타노이아를 통해 하나님과의 관계 속에서 변화되고 새롭게 된다. 메타노이아는 단순한 생각의 변화가 아니라 존재 전체의 전환이다. 이는 우리의 사고방식, 감정, 의지, 그리고 영혼의 중심에서의 근본적인 전환을 포함한다. 도덕적 자기혐오나 단순한 신념 체계의 교체가 아니라 하나님의 임재와 뜻에 반응하여 삶의 방향을 완전히 새롭게 설정하는 것이다.

따라서, 누스의 회복과 관상신학은 불가분의 관계를 가진다. 누스를 단순히 이성이나 논리적 사고로 축소시키는 해석은 관상신학의 본질을 이해하는 데 장애물이 된다. 누스는 인간 존재의 가장 깊은 부분에서 하나님을 인식하고 체험하는 기관이다. 이를 통해 우리는 단순히 "하나님에 대해 아는" 것을 넘어, 하나님과의 실제적이고 깊은 관계 속으로 들어갈 수 있다. 따라서 관상신학은 누스의 역할을 회복하고, 그것을 통해 하나님과 깊은 교제를 배우는 과정이라고 말할 수 있다. 관상의 자세는 누스를 중심으로, 기다림, 경청, 그리고 하나님과 깊은 연결을 추구하는 여정이 된다.

바울은 "내 마음의 눈을 밝히사 보게 하옵소서"(에베소서 1:18)라고 말한다. 이는 영적인 깨달음과 하나님의 임재를 인식하는 능력을 강조하는 기도이다. 이러한 기도는 동방 기독교의 헤시카즘(Hesychasm)에서 더욱 구체화 된다. 헤시카즘은 동방 관상 기독교 전통의 한 형태로, 내면의 고요를 통해 하나님과 깊이 연결되는 것을 목표로 한다. 이 전통에서, "마음(누스)을 심장으로 내리는 것"이라는 표현은 매우 중요하다.

'마음을 심장으로 내리기'는 헤시카즘 기도에서, 누스, 즉 마음 또는 정신이 머리의 사고 수준에 머무는 것이 아니라 영적 중심부인 심장으로 내려오도록 초청하는 것이다. 이 과정은 영적 중심성과 존재의 통합의 깊은 의미를 담고 있는데 영적 중심성(Ultimate centeredness)은 단순히 생각을 멈추는 것이 아니라 존재 전체를 하나님께 열고 깊은 내적 고요 속에서 하나님의 임재를 체험하는 것이다. 또한, 존재의 통합은 누스를 심장으로 내리는 것으로 인간 존재의 분열된 상태를 통합하며, 영혼의 중심부에서 하나님과 만남을 가능하게 한다.

다음은 '예수 기도(Jesus Prayer)의 실천'으로 헤시카즘 기도의 핵심은 '예수 기도'를 깊이 묵상하며 반복하는 데 있다. 이 기도는 다음과 같다.

주 예수 그리스도,.
하나님의 아들이시여,
나를 불쌍히 여기소서.

이 기도는 단순한 반복 이상의 것이다. 이는 심장 깊은 곳에서부터 나오는 영혼의 외침으로, 하나님의 은혜와 자비를 구하는 행위이다. 기도자는 반복을 통해 단순히 말로만 하는 것이 아니라 영혼 깊숙이 새겨지는 기도를 실천하며 하나님과의 연합을 경험한다.

헤시카즘은 '관상신학'의 중요한 부분으로, 깊은 기도와 내적 고요를 통해 하나님을 체험하는 여정을 강조한다. 그 기도의 과정은 누스를 심장으로 내리는 것은 단지 머리로 이해하는 신학이 아니라 깊은 실존적 체험을 통해 하나님과 연합하려는 신학적 실천이다. 따라서 헤시카즘은 단순한 기도 기술이 아니라 하나님을 향한 존재의 중심으로 돌아가는 과정이라고 할 수 있다.

이를 종합해 보면, 바울의 기도와 헤시카즘 전통은 우리에게 '마음의 눈을 열어 하나님을 보라'는 초청을 준다. 이는 단순한 이성적 깨달음이 아니라 누스가 심장의 깊은 곳에서 하나님과의 교제를 이루는 체험적 여정이다. 예수 기도는 이 여정에서 필수적인 도구이며, 깊은 내적 고요 속에서 하나님의 임재를 경험하고 영적 중심을 발견하는 기도의 방법이다. 이를 통해, 신앙은 단지 지식이 아니라 하나님과의 깊은 관계로 이끄는 내적 변화와 연합의 실천이 된다. 필로칼리아(Philokalia)라는 동방 기독교 전통의 방대한 책 모음집에는, 누스에 대한 정의가 포함된 용어집이 있다. 이 정의는 관상신학의 본질을 이해하는 데 중요한 통찰을 제공한다.

2 ___ 서방교회의 신비주의 전통과 관상의 현대적 적용

'관상신학'에서 이러한 인식은 핵심적인 역할을 한다. 관상신학은 단지 하나님에 대한 이론적 지식을 쌓는 것이 아니라 하나님과의 직접적이고 실존적인 만남을 추구한다. 누스를 통한 인식은 1차적 지식(Primary Knowledge)으로 이는 중개된 지식(교리나 가르침)과는 구별된다.

중개된 지식이 여정의 시작이라면, 누스를 통한 지식은 직접적 체험을 통해 하나님과의 만남을 목표로 한다. 다음은 삶의 깊은 차원으로 누스는 세상을 단순히 표면적으로 이해하는 데 그치지 않고, 삶의 본질적이고 심오한 차원을 경험하도록 우리를 이끈다.

필로칼리아의 정의는 누스가 단순히 이성적 사고의 도구가 아니라 존재적 참여와 직접적 인식을 가능하게 하는 영적 능력임을 보여준다. 이를 통해 우리는 세상의 본질을 있는 그대로 인식하고, 하나님을 직접 체험하며, 삶의 깊은 실재와 연결된다. 이 과정은 단순히 논리적 이해를 넘어, 하나님과의 실제적 연합과 체험을 목표로 한다. 관상신학은 누스를 이러한 영적 여정의 중심 도구로 사용하여, 하나님을 "있는 그대로" 경험하는 실존적 신학을 실현한다.

이러한 누스는 디오니아(dianoia), 즉 이성(reason)과는 근본적으로 다르다. 디오니아는 추상적인 개념을 형성하거나 연역적 추론을 통해 논쟁하는 방식으로 작동한다. 이러한 사고방식은 근대(modernity)의 중심 특징이며, 데카르트(Descartes)와 근대 철학을 통해 강조된 이성 중심 사고의 틀에 맞춰진 것이다. 그러나 필로칼리아는 고대의 누스를 그러한 방식으로 이해하는 것은 잘못된 해석이라고 경고한다.

III
관상신학의 예배 갱신
가능성과 실천적 적용

예배의 중요한 중심은 예배를 통하여 하나님을 만나도록 해야 하는데 그러한 의미에서 예배의 시간은 살아 있는 하나님과 대화의 시간과 장소가 된다. 성경의 말씀을 토대로 기도하면서 과거에 행하신 하나님의 역사와 말씀이 지금도 계속된다는 놀라운 사실을 발견하게 된다.

개신교 예배는 종교개혁 이래, 성경에 중심에 둔 예배 형식을 발전시켜 왔는데, 특히 설교를 통한 말씀의 선포는 회중이 하나님의 뜻을 발견하고 영적 성장을 이루는 핵심 통로로 여겨져 왔다. 그러나 예배 안에서 "말씀의 강론"이 중심이 된 나머지, 예배자들의 깊은 내면적·영적 체험은 부차적으로 인식되거나 제대로 발휘되지 못하는 문제들이 지적받는다. 이는 종교개혁 시기에 로마가톨릭의 "화려한 전례와 성상 숭배"에 대한 반동적 성격이 컸던 역사적 배경도 무시할 수 없으나, 오늘날의 예배 환경이 교회 성장 지향과 회중의 다양한 영적 갈급함을 충족하는 데 한계를 드러내고 있다는 점에서 예전적 예배로의 갱신이 요청된다고 하겠다.

이와 같은 배경 속에서 최근 개신교 예배학과 영성신학 분야를 중심으로 관상신학이 가져다줄 수 있는 긍정적 자원이 적극적으로 논의되고 있다. 관상신학은 "내면의 거룩함을 추구하는 영성적 신학"으로 인간의 이성적 이해를 넘어서는 신비적 경험과 성찰적 기도를 중시하는 특징을 가진다. 개신교 내부에서도 성례의 회복이나 예배 내 묵상의 장려, 영적 형성(spiritual formation) 프로그램 등을 통해 이와 유사한 흐름이 나타나고 있으나, 전통적으로 개신교가 강조해온 "말씀과 이성 중심"의 신학적 토대를 관상적 차원과 어떻게 조화시킬 것인가는 여전히 중요한 과제로 남아 있다.

개신교 예배에서 관상신학이 필요한 이유는 크게 세 가지 측면에서 살펴볼 수 있다.

첫째, 영적 체험의 회복이다.

예배는 단순한 종교 행위가 아니라 신자들이 공적으로 모여 삼위 하나님을 대면하는 자리이자 공동체의 영성을 함양하는 시간이다. 그런데 말씀에 대한 지적 이해만으로는 성도들의 내면 깊은 곳에서 일어나는 하나님의 임재 체험을 온전히 구현하기 어렵다. 말씀을 "듣고" "묵상"하며 "내면화"하는 일련의 과정에는 고요함과 침묵, 신비적 감각이 필수적으로 요구되는데, 이는 곧 관상적 태도와 영성 훈련을 통해 길러질 수 있다.

둘째, 예배의 전인격적 참여를 도모하기 위함이다.

현대 예배학자들은 예배에서 온 감각을 활용하는 "전인적 참여(holistic participation)"가 중요함을 지적해 왔다. 가령 예배 속에서 찬송과 기도를 드리는 행위, 성찬에 참여하여 빵과 포도주를 맛보는 행위는 단지 외적인 예전이 아니라 영혼과 몸이 하나 되어 하나님을 경배하는 종합적 경험이 되어야 한다. 관상신학에서 말하는 "자신을 비우고 말씀 혹은 성령의 임재를 깊이 있게 체험하는 시간"은 이러한 전인격적 참여를 더욱 풍성하게 할 수 있는 자원이다. 특히 성찬에 임하는 순간이나 공동 기도 시간에 잠시 멈춰서 내면의 소리를 들으며 하나님의 음성을 구하는 태도는 예배를

"공연 관람"이 아닌 "거룩한 만남"으로 전환시키는 계기가 된다.

셋째, 종교개혁 전통과 현대 영성운동 간의 균형 있는 대화를 위해서다.

종교개혁 시기에 개혁가들은 중세 교회가 보여준 외적 제도와 형식주의, 미신적 요소를 강하게 비판했다. 그 결과 말씀 중심, 신앙고백 중심의 간결하고 명료한 예배 형식이 자리 잡았지만, 반면 전통 교회가 소중히 간직했던 신비주의적·묵상적 유산 일부까지도 폐기되거나 저평가된 측면이 있다. 오늘날 교회 현장에서 회중들은 삶의 여러 문제로 인한 영적 곤고함, 교회 내 분주한 프로그램과 정보 과부하로 인한 피로를 겪는 경우가 많다. 이때 고대 교회와 수도원 전통이 간직해 온 관상적 기도와 묵상 실천은 오히려 "잃어버린 기독교 영성의 한 측면"으로 재조명되고 있다. 개신교 예배 역시 이러한 관상적 요소를 비판적으로 수용하여 종교개혁 정신을 훼손하지 않으면서도 신자들에게 깊은 안식과 치유, 영적 재충전을 제공할 수 있는 통로를 마련해야 할 것이다.

결국 관상신학의 도입은 개신교 예배가 지향하는 목적과 부합한다. 관상신학은 회중이 예배 가운데 말씀으로 교훈 받을 뿐 아니라 마음과 영이 하나님 앞에서 더욱 온전하게 열려 그분의 은혜와 신비를 직접 체험하도록 돕는다. 무엇보다 설교 중심의 예배에서 종종 간과되기 쉬운 "침묵, 묵상, 신비적 성찰" 같은 요소를 회복하여, 예배에 참여하는 공동체가 하나님께로부터 오는 사랑과 진리를 내면 깊숙이 받아들이도록 돕는다. 또한 이 관상적 차원은 교리적 지식이나 설교만으로는 해결하기 어려운, 회중

개개인의 영적 갈증과 정서적 필요에 부응할 수 있는 길을 열어 준다.

오늘날 교회들은 예배가 단지 "말씀 듣기" 이상이라는 사실을 점차 인식하고 있다. 예배는 공동체가 함께 모여 하나님을 찬양하고, 말씀을 통해 자신을 성찰하며, 성령의 도우심 속에서 새로운 결단으로 나아가는 총체적 사건이다. 이를 위해서는 예배 전후의 침묵, 말씀에 대한 내면적 명상, 성찬에서의 신비 체험, 시각과 청각을 통한 상징 표현 등 다각적 요소가 요청된다. 그리고 이것이야말로 관상신학이 제공하는 풍성한 지혜의 원천이라 하겠다. 물론 개신교 예배가 관상신학을 온전히 수용하기 위해서는, 먼저 신학적 토대를 점검하고, 교회의 전통과 현장 여건에 적합한 실행 모델을 개발해야 할 것이다.

개신교의 예배 형식화와 영성 결핍의 문제

1

    개신교 예배는 종교개혁 시대에 확립된 신학적 원리에 기초하여, 말씀과 성례를 중심으로 하는 간결하면서도 역동적인 형식을 발전시켜 왔다. 이는 중세 말기에 형성된 복잡하고 의식화된 전례와 교황권 중심의 예배 형식에 대한 비판에서 비롯된 것이었으며, 회중이 직접 말씀을 듣고, 각자의 언어로 기도하며, 공동체 안에서 구원의 은총을 체험하도록 하는 데 주안점을 두었다. 따라서 개신교 예배는 말씀을 선포하는 '설교'와, 이를 보강하거나 확인하는 '성찬'이라는 두 축을 중심에 두되, 지역 교회와 교단의 신학적·문화적 맥락에 따라 다양한 순서와 예식이 배치된다.

    개신교 예배의 구조를 크게 살펴보면, 일반적으로 '예배의 부름-경배와 찬양-교독-죄의고백-공동기도-찬송-성경봉독-말씀선포-찬송-봉헌-축도-파송'의 흐름을 이룬다. 예배 초입에서는 대개 공동체가 하나님의 이름을 부르고, 찬양 또는 묵상 기도 등을 통해 마음의 준비를 갖추며, 죄의 고백과 사죄 선언이 이어지는 경우도 있다. 이어지는 말씀 선포는 예배의 핵심 요소로서 성경 봉독, 설교, 때로는 해설과 적용의 형태로 회중에게 전달된다. 이후 응답의 단계에서는 찬송, 헌금, 공동기도, 신앙고백, 그리고 성찬이 진행될 수 있다. 마지막 파송에서는 예배자로 하여금 삶의 자리로 돌아가 세상에서 빛과 소금으로 살아가도록 권면하고 축복하는 순서가 배치된다.

이처럼 개신교 예배는 한편으로는 간결하고 조직적인 틀을 갖추고 있지만, 다른 한편으로는 교파나 교단, 지역적 전통에 따라 다양성을 보인다. 예컨대 장로교와 감리교, 침례교는 예배 구조의 기본 정신은 공유하나, 특정 예식의 강조점이나 세부 실행 방식에서 차이가 나타나곤 한다. 예배 순서의 구성에도 설교 후 바로 헌금을 드릴 수도 있고, 성찬이 있을 때는 설교와 성찬이 긴밀히 연결되어 진행되기도 한다. 그럼에도 불구하고 개신교 예배는 말씀이 지닌 최우선적 권위와 성례를 통한 하나님 임재 경험이라는 두 축을 일관되게 강조한다는 공통점을 유지한다.

이와 더불어 개신교 예배는 역사적 맥락에서 "회중의 적극적 참여"를 중요한 원리로 삼아 왔다. 종교개혁가들은 예배가 사제와 성직자들이 주도하는 행사가 아니라, 모든 성도가 함께 참여하고 은혜를 나누는 공동체적 예전임을 주장하였다. 따라서 예배에서는 회중찬송을 비롯해 회중의 음성 기도, 신앙고백, 봉사와 섬김의 헌신이 중요한 요소로 평가된다. 오늘날에도 다양한 악기와 음악 장르가 도입되고, 여러 형태의 신앙 고백문이 낭송되는 등, 시대적·문화적 변화를 수용하면서도 "공동체의 의식"이라는 면모를 유지하고 있는 것이 개신교 예배의 특징이다. 다만 현대에 이르러 개신교 예배는 교회 성장과 더불어 매우 다양한 양상을 보이게 되었다. 텔레비전 방송과 인터넷, 미디어 기술이 예배 현장에 도입되면서 찬양팀과 영상 예배, 온라인 예배 등이 나타나 예배 의식의 형태가 한층 다채로워졌다. 어떤 교회들은 문화적 접근을 위해 극적 요소를 가미한 퍼포먼스를 도입하기도 하며, 일부 대형 교회에서는 매 주일 예배를 다채로운 행사처럼 꾸미기도 한다. 이는 예배의 보편적 요소를 풍성하게 만들 수 있다는 장점이 있지만, 예배의 본질인 "하나님 중심적 경배와 영적 각성"을 흐리게 할 위험도 동시에 내포하고 있다.

결국 개신교 예배의 구조와 특성은 역사적으로는 종교개혁자들의 "말씀 중심" 정신을 계승하면서, 동시에 예배자들의 적극적 참여와 공동체적 체험을 실현하는 방향으로 발전해 왔다고 볼 수 있다. 오늘날에도 이러한 전통은 이어지고 있으나, 급변하는 문화와 영적 요구에 직면하여 예배가 본래 의도했던 경건과 신비, 참여와 헌신을 얼마나 유지·갱신할 수 있는지에 대한 도전이 제기된다. 이러한 상황에서 예배학자와 목회자들은 예배의 신학적 근간을 재확인함과 동시에, 더 깊은 영적 체험과 공동체성 구현을 위해 구조적·실천적 면에서 개혁과 보완을 모색하고 있다. 특히 성례와 묵상의 회복, 예배 환경의 재설계, 회중 교육 등을 통해 예배자의 전인적 영성 형성에 기여하기 위한 움직임이 활발해지고 있다.

따라서 개신교 예배의 구조와 특성을 재조명한다는 것은, 단순히 역사와 전통을 나열하는 데 그치지 않고, 지금 이 시대가 마주한 신앙적·문화적 과제를 분석하여 예배의 자리를 새롭게 제시하는 작업과 직결된다. 이를 위해서는 예배 구조의 기본 골격(말씀과 성례)을 유지하면서도, 예배자가 내면적으로 하나님을 관조하고 체험할 수 있는 "영적 공간"을 어떻게 마련할 것인가에 대한 고민이 필요하다. 본 연구가 개신교 예배 안에 관상적 요소를 접목하고자 하는 이유는 바로 이러한 문제의식에서 비롯되며, 개혁교회의 전통적 예배 형식과 설교 중심적 예배가 지닌 한계를 자세히 살펴보는 일이 그 출발점이 될 것이다.

1 __ 개혁교회의 전통적 예배 형식과 설교 중심적 구조

개혁교회(Reformed Church) 전통은 종교개혁 시기에 칼뱅(John Calvin)과 츠빙글리(Huldrych Zwingli) 등 주요 개혁자들의 신학적 입장을 토대로 형성된 교회들을 지칭한다. 이 교회들은 "말씀의 우위"와 "성례의 올바른 시행"을 예배의 핵심으로 삼아, 그리스도인의 신앙과 생활을 교회 공동체 안에서 균형 있게 함양하고자 하였다. 특히 칼뱅은 예배를 통해 하나님의 영광이 드러나고, 회중은 하나님 앞에서 겸손히 자신을 비움으로써 구원의 은혜를 붙들 수 있어야 함을 강조하였다.

개혁교회의 전통적 예배 형식은 일반적으로 다음과 같은 순서를 갖는다.

첫째, 회중이 함께 모여 하나님의 이름을 부르며, 예배의 시작을 선언한다. 여기에는 시편 혹은 성경 구절을 낭독하는 관행이 있으며, 이를 "모임(Assembly) 혹은 부름(Call to Worship)"이라 한다. 이어서 죄의 고백과 사죄 선언, 신앙고백이 뒤따른다.

둘째, 말씀을 읽고 선포하는 단계에서 설교가 중심을 이룬다. 여기서 개혁교회 전통은 말씀을 해석하는 설교자의 역할을 중시하되, 설교는 성경 본문의 핵심 진리를 온전히 드러내야 한다고 요구한다. 설교 후에는 응답 찬송이나 대표 기도를 통해 회중이 말씀에 동의하고 결단하는 과정을 갖는다.

셋째, 성례의 시행이 이루어진다. 개혁교회에서는 세례와 성찬을 중요한 예식으로 인정하며, 이 성례는 구원을 위한 "표징과 인침"으로 이해된다. 칼뱅은 성찬 예식을 자주 시행할 것을 주장하였으나, 역사적·실천적 이유로 인해 실제로는 월 1회나 분기별로 시행하는 교회가 많았다. 성찬은 단순한 기념이 아니라, 성령의 도우심 안에서 그리스도의 임재를 실제로 체험하는 은혜의 수단으로 간주된다. 이 점에서 개혁교회 전통의 예배는 말씀과 성례가 밀접하게 연결되는 균형을 추구하였다. 마지막으로 파송의 시간에 축도가 주어지며, 회중이 일상으로 돌아가 말씀과 성례가 주는 은혜를 삶 속에서 실천하도록 권면 받는다.

　이러한 개혁교회의 예배 형식은 중세 교회의 화려한 전례와는 대조적으로 "단순성과 질서, 그리고 말씀의 정점화"라는 특징을 지닌다. 회중은 물론 성직자까지도 검소한 예배복을 착용하거나, 혹은 특별히 예복 없이 예배를 집례하는 경우가 많았다. 또한 예배당 내부 장식은 십자가 외의 형상이나 성화(聖畵)를 최소화하고, 오로지 말씀에 집중하도록 설계하는 경향이 있었다. 이는 "말씀으로만 충분하다(Sola Scriptura)"라는 종교개혁의 원리를 실천하는 행위이자, 우상 숭배에 대한 경계를 표명하는 신학적 태도였다. 그러나 16세기 이후 수백 년을 거치며 개혁교회의 전통적 예배 형식도 각 지역의 문화와 역사, 교파적 신학 해석에 따라 다양한 변화를 겪었다. 가령 스코틀랜드 장로교 전통은 칼뱅의 제네바 예배서(1542년판 등)와 존 낙스(John Knox)의 예전 전통을 접목하여, 말씀과 시편찬송을 중심으로 한 간결한 예배 형식을 확립하였다. 반면, 네덜란드 개혁교회는 더 풍부한 찬송과 예배 요소를 허용하기도 하였으며, 칼뱅주의 신학이 다양한 교단으로 분파하면서 지역마다 조금씩 다른 예배 양상을 형성하였다.

　오늘날에도 개혁교회의 예배는 "성서적 근거를 중시하고, 교회 회의를 통해 승인된 예전서나 예배지침(예: 장로교 예배모범)을 준수하며, 회중 중심의 간소한 예배 질서를 유지한다"라는 공통분모 아래, 시대적 흐름과 현장 교인들의 요구에 따라 변화를 거듭하고 있다. 특히 현대 예배학은 예배 속에서 하나님의 임재와 신비를 좀 더 깊이 체험하기 위해, 전통적으로 소홀히 다루어졌던 묵상, 침묵, 성상(聖像) 활용 등의 요소를 재고하고 있다. 이를 통해 개혁교회의 예배가 가진 말씀·성례 중심 구조에 '관상적 차원'을 적절히 결합함으로써, 예배의 영성과 감수성을 풍성하게 만들어

가려는 시도가 이루어지고 있다.

결국 개혁교회의 전통적 예배 형식은 역사적으로 볼 때, 중세 가톨릭의 예전주의와 형식주의를 극복하고, 말씀을 회중이 직접 접함으로써 신앙의 진정성을 도모한 점에서 큰 의의가 있다. 이러한 예배 형식은 개신교 전체에 깊은 영향을 주어, 오늘날까지도 "말씀과 성례"라는 두 축이 예배의 핵심임을 일깨워 주고 있다. 다만 말씀 중심 예배가 신자들의 영적 체험을 제한하거나, 예배에 대한 신앙적 경외심과 참여의 다양성을 축소하는 결과를 낳기도 한다는 지적이 있으며, 이는 곧 설교 중심적 예배의 한계라는 문제의식으로 이어진다.

따라서 본 장에서는 다음 단락에서 설교 중심적 예배가 지닌 장단점을 보다 면밀히 살펴보고, 그 문제의식에 대한 대안으로 "관상적 예배" 혹은 "관상적 요소"의 도입 가능성을 논의하고자 한다.

개신교 예배에서 설교는 "하나님의 말씀을 대언(代言)한다"는 점에서 절대적 비중을 차지해 왔다. 특히 종교개혁의 핵심이 "성경의 권위 회복"에 있었고, 성경을 해석하여 선포하는 설교가 교회의 생명력이 된다는 확신이 컸기 때문에, 예배 구조의 중심도 자연스레 설교로 이동하게 되었다. 그러나 현대 목회와 예배학의 발전 과정에서, 설교 중심적 예배가 의도치 않은 여러 문제를 야기하고 있다는 비판이 제기된다. 이는 설교 자체의 가치를 부정하는 것이 아니라 예배의 핵심 요소가 설교에만 과도하게 집중되어 다른 예전적·영적 차원이 약화되는 결과를 낳을 수 있음을 시사한다.

첫째, 회중의 수동적 태도를 유발할 위험이 있다. 전통적으로 설교는 말하는 이(설교자)와 듣는 이(회중)의 분명한 구분 속에서 이뤄진다. 설교가 예배 시간의 대부분을 차지하게 되면, 회중은 예배자로서 능동적 참여보다는 단순 '청취자'의 입장에 머물게 될 가능성이 커진다. 실제로 많은 교회에서 회중이 설교 시간 동안 조용히 착석하여 목회자의 일방적 메시지를 듣는 것을 예배의 중심 과제로 여기게 되는 경우가 발생한다. 이는 "예배 전체에 대한 공동체적 협력과 참여"라는 종교개혁의 원리가 무색해지는 문제이기도 하다.

둘째, 하나님의 임재와 신비적 체험이 설교 중심 예배에서는 종종 부차화될 수 있다. 물론 좋은 설교는 말씀의 능력을 통해 성도들에게 강력한 영적 체험을 선사하기도 하지만, 예배는 본질적으로 "지·정·의(知情意)를 아우르는 전인적 행위"이다. 찬양과 기도, 성례, 침묵, 공동체적 교제를 통해 성도는 보다 다각적으로 하나님과 만난다. 그러나 설교가 예배의 핵심이자 절대적 비중을 차지하게 되면, 다른 예전 요소들이 축소되거나 빠르게 지나가 버리는 '부수적 코너'로 전락하기 쉽다. 그 결과 예배 전반에서 성례나 침묵, 묵상, 음악과 상징을 통한 영적 환기 같은 중요한 요소들이 충분히 조명되지 못한다.

셋째, 지적·논리적 접근에 치우친 신앙 형성으로 이어질 수 있다는 점이다. 개신교 전통은 말씀을 바르게 이해하고, 이를 이성적으로 해석하여 신앙을 체계화하는 과정을 중요하게 여겨 왔다. 그러나 신앙은 단순한 '교리 지식' 이상의 것으로, 전인적 체험과 거룩한 신비에 대한 경탄이 함께 어우러질 때 온전히 형성된다. 설교가 지나치게 '교리 강해' 혹은 '교훈적 메시지'에만 몰두하면, 회중은 영혼 깊숙한 곳에서의 회심과 성령의 내주를 경험하기보다, 지적 동의나 윤리적 실천에만 초점을 맞추게 될 우려가 있다. 이는 예배에서 중요한 관상적·영적 성찰의 순간을 놓치게 할 뿐 아니라, 신앙생활에서의 거룩한 열망과 헌신을 약화시킬 수도 있다.

넷째, 설교자 개인의 역량과 성향에 예배 질이 좌우되는 불균형 문제가 있다. 개신교 예배의 설교 중심성은 자칫 '유능한 설교자'가 있는 교회와 그렇지 못한 교회의 격차를 더욱 크게 만들 수 있다. 설교자가 탁월한 언변과 신학적 깊이를 갖추었을 때는 예배가 성도들에게 큰 유익을 줄 수 있으나, 그렇지 못하면 예배 전체의 풍성함이 심각하게 훼손될 위험도 있다. 아울러 설교자의 성향이 예배 분위기를 지나치게 일방적으로 좌우할 가능성도 커지며, 공동체의 다채로운 은사와 참여가 배제되는 결과를 낳을 수 있다.

이러한 한계들에도 불구하고, 설교가 예배에서 차지하는 중요성 자체를 부정할 수는 없다. 말씀은 신앙 공동체를 세우고, 그리스도인의 삶을 인도하는 데 필수적인 통로이기 때문이다. 문제는 설교가 예배의 '전부'가 되어버릴 때 발생하는데, 이는 곧 예배가 가진 다층적이며 신비로운 성격이 충분히 구현되지 못하는 결과로 이어진다.

예배는 말씀의 듣기(listening)만이 아니라, 묵상하기(meditation), 찬양하기(praising), 봉헌하기(offering), 교제하기(fellowship) 등 다양한 영적 행위의 총체로 이루어지며, 이러한 요소들이 상호 연관성을 가지고 예배자의 영혼을 풍성히 형성해 가는 과정이 필요하다. 이 때문에 현대 예배학계에서는 "설교 중심 예배"가 가진 장점을 살리면서도, 예배 속 다른 요소들, 특히 묵상과 성례, 신비적 체험을 자극하는 상징과 공간 활용을 함께 강화해야 한다는 목소리가 나오고 있다.

예컨대 예배 순서 내에서 침묵과 묵상의 시간을 의도적으로 할애하거나, 성찬을 더 빈번하게 거행하여 말씀과 성례의 균형을 회복하는 시도도 그 예에 해당한다. 또한 성찬뿐만 아니라 세례, 입교식, 안수기도 등 다양한 예전이 단지 형식적 절차가 아니라 하나님의 임재를 체험하는 '통로'가 될 수 있도록 배려함으로써, 예배 전체가 "말씀의 해석"과 "성령의 활동"

이 어우러지는 장이 될 수 있다.

설교 중심적 예배가 오늘날 개신교회 현장에서 폭넓게 시행되고 있는 것은, 종교개혁 이래로 '말씀 회복'이라는 기치가 가져다준 역사적 유산이자 신학적 특징이다. 그러나 그러한 유산이 곧 예배 전 과정에서의 균형감 있는 영적 체험과 공동체적 참여를 제한하기도 한다는 현실을 직시할 필요가 있다. 설교 중심 예배의 한계를 극복하기 위한 대안으로써, 이 책에서 제시하려는 관상신학적 요소와 예전적 갱신은 예배의 본질인 "하나님과의 만남, 공동체적 예배, 전인적 참여"를 보다 온전하게 회복하는 길이 될 것으로 기대된다. 이를 위해서는 설교자와 예배 기획자가 함께 예배 구조 전반을 재검토하고, 회중 스스로 예배에 능동적으로 참여하도록 교육·실천하는 과정이 필수적이며, 나아가 전통 교회와 동방교회 등이 축적해온 관상적 예배 자원을 적절히 비판·수용하는 노력이 요청된다.

2 ___ 회중의 참여적 영성을 위한 신학적 접근

개신교 예배는 종교개혁 시기를 통해 확립된 간결하고 말씀 중심적인 전통을 유지해 왔다. 이러한 예배 구조는 중세 후기 교회의 복잡한 전례와 미신적 요소를 벗어나, 성경 본문의 권위와 설교를 통한 복음 선포에 무게를 두는 장점이 있었다고 평가되어왔다. 그러나 이와 같은 간결성과 말씀 중심성은 시간이 지남에 따라 예배 속 신비적·영적 체험이 상대적으로 약화되는 결과를 초래하기도 하였다. 특별히 침묵, 묵상, 심미적 참여 같은 요소가 축소된 예배 환경은, 현대 신자들이 지닌 다면적 영적 갈급함을 충분히 충족하지 못한다는 비판을 받게 되었다.

이에 대해 현대 예배학 및 영성신학 분야에서는 관상(contemplation)의 개념과 실천이 개신교 예배 갱신에 어떻게 기여 할 수 있는지에 대한 관심이 고조되고 있다. 관상신학은 동방 정교회나 가톨릭 수도원 전통에서 오랜 세월 동안 다듬어진 영성적 자산으로, 인간의 내면적 침잠과 하나님의 임재 체험을 강조한다. 개신교 내부에서도 일부 신학자와 목회자들은 "말씀 중심"이라는 종교개혁적 원리를 유지하면서도, 관상적 영성의 요소를 예배에 통합하여 예배자들이 더 깊은 영적 체험을 할 수 있도록 돕고자 하였다.

개신교 예배 갱신을 위한 관상적 요소를 살펴보는 것은, 예배가 지닌 본질적 목적을 다시금 곱씹는 일과 밀접한 관련이 있다. 예배란 단순히 교리적 지식을 전수하는 시간이 아니라, 삼위일체 하나님과의 인격적 만남이 일어나는 장(場)이기 때문이다. 예배자가 말씀을 듣는 과정에서 머리로만 이해하는 데 그치지 않고, 영혼 깊숙한 곳에서 하나님의 음성을 듣고 응답할 수 있을 때, 예배는 진정한 변화를 일으키는 사건이 된다. 관상적 요소는 이러한 영적 체험을 촉진하는 강력한 통로로서, 예배의 구조 속에서 말씀과 성례, 기도와 침묵, 찬양과 상징이 상호 조화를 이루도록 안내한다.

특히, 현대 사회는 시각적·청각적 자극이 과잉된 환경 속에서 빠른 정보 소비를 일상화하고 있어, 교인들도 집중력 저하와 분산된 관심이라는 도전에 직면해 있다. 예배에서도 종종 많은 프로그램과 소리를 동원하다 보니, 오히려 예배의 본질을 놓치는 역설적 상황이 발생한다. 관상적 요소를 도입한다는 것은 이러한 분주함과 산만함을 거두고, 예배자들이 '하나님의 임재 안에서 머무는 쉼'을 회복하도록 돕는 의식적 시도라 할 수 있다. 예배 안에서 침묵과 묵상을 확장하고, 성찬을 비롯한 다양한 예전적 상징에 담긴 신비와 의미를 재발견함으로써, 예배자들은 단순히 지식과 정보를 얻는 것이 아니라 전인격적 영적 경험을 할 수 있게 된다.

결국, 개신교 예배 갱신을 위한 관상적 요소의 탐구는 말씀 중심 예배를 훼손하려는 시도가 아니라, 오히려 말씀과 예전, 지성과 신비, 공동체성과 개인적 체험이 조화를 이루어 예배가 본연의 생명력을 회복하도록 돕는 과정이라 하겠다. 이 부분에서는 개신교 예배가 가진 한계를 보완하고 영적 체험을 심화시키기 위한 관상적 요소들이 무엇이며, 실제 예배 구조 속에서 어떻게 활용될 수 있는지를 단계적으로 논의할 것이다. 이를 통해 예배자가 하나님의 거룩한 임재에 더욱 가깝게 나아가고, 교회 공동체 전체가 예배의 신비를 공유하며 영적 성숙에 이르는 길을 모색하고자 한다.

1) 침묵의 도입 : 준비 기도와 묵상의 확장

개신교 예배는 종교개혁 이래 예배 안에서 공적인 성경 봉독과 설교를 중심으로 발전해 왔으나, 역사 속에서 예배가 단순한 정보 전달이나 지적 설득에 치우쳐 마치 강의실처럼 변질되었을 때 나타나는 영적 결핍 문제가 적지 않게 제기되어 왔다. 이는 예배자들이 하나님의 임재를 온전히 체험하는 데 필요한 영적 공간, 곧 침묵과 묵상의 시간이 상대적으로 부족하였던 구조적 특징에서 비롯된 것으로 해석할 수 있다. 실제로 개혁교회 전통에서 침묵은 가톨릭의 묵주기도나 동방정교회의 헤시카즘(Hesychasm)과 같은 관상적 실천에 대해 지나치게 부정적으로 인식하는 바람에 이러한 예배적 요소가 사장된 면모가 있었다. 그러나 현대 예배학과 영성신학이 발전함에 따라, 침묵은 예배자가 감각의 소음을 걷어내고 내면을 정돈하며, 하나님 앞에 투명하게 서는 중요한 예배 요소로 다시금 재조명되고 있다.

예배 속 침묵을 도입하기 위한 대표적인 방식은 예배 시작 전 혹은 초입에 준비 기도와 묵상의 시간을 충분히 확보하는 것이다. 예배가 시작되기 전에 회중이 교회당에 입장하여 자리를 잡고, 조용히 자신을 성찰하며 기도에 잠기는 습관을 장려하는 것은, "예배자 스스로 하나님 앞에 나아갈 준비를 갖추도록 돕는" 의미를 지닌다. 신앙 공동체가 함께 드리는 예배이지만, 각 개인이 처한 상황과 내면의 상태는 다를 수 있기에, 회중 각자가 짧은 침묵을 통해 마음을 정돈하는 과정이 필요하다. 이때 교회는 예배 순서지나 스크린 등을 활용해 '묵상을 위한 말씀 구절'을 제시하거나, 묵상 중 주의할 점을 간단히 안내하여 회중이 자연스럽게 경건한 분위기에 들어가도록 유도할 수 있다.

침묵의 도입은 예배 순서 전반으로도 확장될 수 있다. 가령 예배 인도자가 공동 기도를 인도한 뒤, 1분 혹은 그 이상의 조용한 묵상의 시간을 마련함으로써, 참석자들이 청각적 자극에서 벗어나 스스로 기도하거나 말씀을 곱씹을 수 있게 돕는다. 이러한 장치는 예배 전체 흐름 속에서 자칫 빠르게 지나갈 수 있는 은혜의 순간을 붙잡아, 예배자가 현재 이곳에서 역사하시는 하나님을 더 깊이 체험하도록 기회를 제공한다. 교회 전통 중에는 '기도 사이의 침묵'(silence in the prayer) 혹은 '묵상적 쉼'을 예전의 일부로 구성해온 사례들이 있으며, 이를 현대 예배에서도 적절히 변형하여 적용할 수 있다.

침묵이 예배에 제공할 수 있는 가장 큰 유익 가운데 하나는 인간의 내면적 반응이 자유롭게 표출될 수 있는 영적 공간을 확보한다는 점이다. 설교나 찬양 중에는 회중이 일정한 내용을 듣거나 따라 부르는 형태가 주를 이루므로, 그 순간에 즉각적으로 떠오르는 생각이나 감정, 성령의 내적 음성을 곱씹기가 쉽지 않다. 반면, 침묵의 시간은 다양한 자극을 잠시 멈추고, 예배자가 자신의 영혼에 귀를 기울이며 하나님 앞에서 마음 문을 열 수 있게 한다. 이는 지적 이해 차원을 넘어서는 영적 각성과 성찰, 그리고 회개나 결단과 같은 신앙적 반응을 보다 밀도 있게 이끌어낼 수 있는 계기가 될 수 있다.

특히 오늘날 현대 사회는 정보와 소음이 과잉된 환경으로 인해 사람들의 집중력이 전반적으로 저하된 상황이다. 교회 역시 예배 중에 지나치게 많은 영상, 소리, 프로그램을 동원하는 경우가 늘어나면서, 오히려 진정으로 하나님께 집중하는 예배의 본질이 훼손될 가능성이 커졌다. 이러한 맥락에서 침묵의 도입은 "소음을 거두고 중심을 잡는 행위"로서 신앙 공동체에 새삼 중요한 의미를 지닌다. 침묵이라는 예전적 장치를 통해 회중은 자신의 분주함과 외부 자극을 비우고, 말씀 앞에서 숙연히 마음을 열어 주님께 나아간다. 그 결과 예배는 수동적 시청이 아니라 내면의 영적 공간을 통해 하나님과 소통하는 능동적 사건이 될 수 있다.

아울러 '관상적 기도'와 '묵상의 확장'은 침묵이 단순한 공백 시간을 넘어, 예배자들에게 깊은 영적 유익을 제공하는 핵심 도구가 된다. 관상적 기도(contemplative prayer)는 중세 수도원 전통과 가톨릭·동방 정교회 영성에서 발전해 온 개념이지만, 현대 개신교 영성에도 적지 않은 시사점을 준다. 이는 말씀이나 짧은 기도문을 되새기며, 내면에서 하나님의 음성을 기다리고, 아울러 자신의 심령이 성령의 임재 안에서 치유와 변화를 경험하도록 열려있는 상태를 말한다.

관상적 기도를 위한 시간으로 예배 초입 혹은 설교 후에 잠깐의 침묵을 마련한다면, 회중의 영적 반응과 몰입도가 크게 향상될 수 있다. 교회 교육 차원에서도, 예배 전후 소그룹 시간을 활용해 침묵기도와 관상적 기도의 의의와 방법에 관해 설명하고 훈련하는 과정이 필요하다. 예배 속 침묵이 단순히 "아무것도 하지 않는 시간"이나 "어색한 공백"이 아니라 "영혼을 집중해 하나님의 임재를 경험하는 적극적 태도"라는 점을 지속적으로 가르칠 때, 회중은 침묵을 두려워하거나 낯설게 여기지 않고 예배의 한 부분으로 기꺼이 받아들일 것이다.

이처럼 침묵의 도입과 묵상의 확장은 개신교 예배의 구조적·영적 갱신에 이바지하는 중요한 요소라 할 수 있다. 말씀 중심 예배라는 전통을 유지하면서도, 회중이 그 말씀을 더 깊이 '내면화'하고, 진실된 영적 대화를 시도할 수 있도록 도와주기 때문이다. 또한 침묵은 예배자의 '듣기'와 '응답하기' 사이에 자리 잡은 여백을 통해, 인간이 적극적으로 하나님께 나아가는 동시에 그분의 임재를 수동적으로 받아들이는 역설적 긴장을 창조한다. 이를 통해 예배는 교리나 지식 전달에 머무르지 않고, "말씀과 영혼의 조우가 실재로 일어나는 경건의 장(場)"이 될 수 있다.

요컨대, 침묵의 도입은 예배 갱신 과정에서 반드시 고려해야 할 핵심적 관상적 요소이며, 이를 통해 예배에 참석한 이들의 내면이 깨달음과 결단, 위로와 치유를 경험하는 진정한 영적 공간이 창출될 수 있다. 앞으로 개신교 예배가 현대적 환경 변화와 신자들의 다면적 요구를 수용하고자 할 때, 침묵과 관상적 기도를 보다 체계적으로 예배 순서에 통합하려는 노력이 더욱 강조되어야 한다.

2) 성찬에서의 신비 체험 강화

개신교 예배 전통에서 성찬은 말씀과 함께 중요한 위치를 차지해 왔으나, 역사적·신학적 경로를 거치는 동안 그 의식이 지나치게 단순화되어, 오늘날 실제 예배 현장에서 성찬이 주는 신비적 체험의 의미가 충분히 구현되지 못하는 경우가 많다. 이는 특히 개혁교회 전통에서 가톨릭의 화체설을 거부하고, 성찬을 "그리스도의 희생을 기념하고, 영적 임재를 상징하는 사건"으로 해석해 온 것과 무관하지 않다. 물론 칼뱅은 성찬을 통해 '그리스도의 실제적 임재'를 영적으로 체험할 수 있다고 주장하였으나, 가톨릭이 말하는 물리적 변화가 없다는 점이 강조되면서, 성찬 거행이 다소 교육적 기념 행위로 치우친 측면이 존재했다.

현대 예배학에서 성찬은 예배 공동체가 "구원의 은혜를 가장 직접적으로 맛보고, 십자가 사건에 신앙으로 동참하는 신비적 순간"으로 재평가되고 있다. 따라서 성찬이 단순한 '빵과 포도주 나눔' 이상의 영적 체험을 회중에게 제공하려면, 예배 과정에서 다음과 같은 의식적·상징적 요소가 더욱 강화될 필요가 있다.

첫째, 성찬 예전 자체를 관상적 전례로 확장하는 노력이다.
성찬은 그리스도의 몸과 피를 상징하는 떡과 포도주를 나누는 행위이므로, 회중이 그 상징의 의미를 묵상하고 예수 그리스도의 구원 사건에 참여한다는 의식을 가질 수 있도록, 짧은 침묵과 묵상, 혹은 기도문 낭독을 삽입할 수 있다. 가령 "만찬 전 기도"(Eucharistic Prayer)나 예전적 선언을 통해 성찬의 본질과 목적을 재차 강조하는 것은, 성찬이 갖는 신비와 거룩함을 체득하게 하는 중요한 장치가 된다.

둘째, 성찬에 임하는 회중의 자세와 준비를 고양하기 위한 교육적·목회적 지침이 필요하다.
성찬을 자주 거행하는 교회에서조차, 성도들이 "왜 성찬에 참여해야 하는지, 성찬에 어떤 신비가 담겨 있는지"를 깊이 숙고하지 않은 채 기계적으로 참여하는 상황이 빈번하다. 이를 개선하기 위해 교회는 성찬의 신학과 의의를 설교나 성경 공부, 예배학교 등의 장에서 체계적으로 가르쳐야 한다. 특별히 성찬의 순간이 "죄 사함과 구원의 확신"이 회중의 마음에 새겨지는 신비로운 시간이 될 수 있음을 강조하면서, 이를 위한 영적 준비(기도, 회개, 화해 등)의 중요성을 전달할 필요가 있다.

셋째, 성찬 의식 속에서 시각적·청각적 상징을 적극적으로 활용하여 신앙 공동체가 공감각적으로 참여하도록 할 수 있다.

떡을 나누고 잔을 돌리는 행위는 그 자체로 상징성이 있지만, 여기에 묵상 음악이나 짧은 성가, 조명의 조절, 예전적 의상과 제의(祭衣)의 적절한 사용 등을 결합한다면, 성찬의 장면이 회중에게 한층 깊은 인상을 남기게 된다. 이러한 다양한 상징적 요소는 중세 가톨릭 예전에 등장했던 다채로운 의식과 반드시 같을 필요는 없으나, 상징의 힘을 무시하거나 무조건 배제해서는 안 된다는 점을 환기시킨다. 개신교 전통에서도 오감(五感)을 통해 예배를 더욱 풍성하게 체험하려는 시도가 점차 확산되고 있으며, 이는 성찬 예전을 '교육적 표지' 이상의 살아있는 예배 행위로 재인식하게 만드는 중요한 발판이 된다.

넷째, 성찬이 갖는 공동체적 의미를 부각함으로써 신자들이 신비 체험을 "함께" 공유하도록 하는 작업도 요구된다.

교회는 성도 개개인이 예수 그리스도의 구원을 기념하는 것에 그치지 않고, "떡을 함께 나누고 잔을 함께 마심으로써, 한 몸으로 부르심을 받은 교회 공동체가 된다"라는 통합적 사고를 가르쳐야 한다. 성찬은 공동체성을 실현하는 대표적 전례이자, 관상적·신비적 경험을 개인의 내면에만 국한하지 않고 전체 교회와 연대시켜 주는 강력한 순간이다. 따라서 성찬 예전 중에 서로 평화의 인사를 나누거나, 성찬을 배분하는 도중에 간단한 공동체적 선언을 하는 것 또한 유익할 수 있다.

마지막으로, 성찬에서의 신비 체험 강화라는 목표는 교회 전통과 신학적 일관성을 유지하면서도, 현대인의 영적 갈급함을 충족시키기 위한 다각적 방법을 연구하는 노력 속에서 실현될 수 있다.

개신교는 '말씀 중심'의 토대를 견고히 지켜왔기에, 성찬이 단순한 마술적 행위나 미신적 요소로 변질되는 것을 염려해 온 역사를 지닌다. 그러나 그것이 곧 성찬이 가진 신비의 차원을 단순화하거나 도외시해야 함을 의미하지는 않는다. 오늘날 많은 교회가 월 1회 혹은 분기별로 성찬을 시행하면서도, 적절한 예전적 해설이나 상징 활용, 침묵과 묵상의 시간을 마련함으로써, 성찬을 단순 기념 이상의 신비 체험으로 제시하려는 움직임을 보이고 있다.

성찬은 개신교 예배에서 "그리스도와의 영적 교제와 구원 체험"을 회중의 실제 예배 행동으로 구현하는 핵심 예전이다. 신비 체험을 강화하기 위해서는, 예식 자체를 관상적 차원으로 확장하고, 회중의 내면적 준비를 돕는 교육과 안내, 그리고 시각·청각적 상징과 공동체 의식을 강조하는 다양한 전략이 필요하다. 이를 통해 성찬이 개신교 신자들에게 단순한 의무 수행이나 구경거리가 아니라 "그리스도의 희생에 참여하고, 그분의 임재를 깊이 체험함으로써 새로운 영적 활력을 얻는 거룩한 식탁"이 될 수 있다.

개혁주의 전통에서 관상신학의 적용 가능성

2

　개혁주의 전통은 성경을 신앙과 실천의 유일한 권위로 삼으며(Sola Scriptura), 말씀 중심의 신앙과 공적 예배를 강조한다. 이에 반해 관상신학은 하나님과의 직접적 체험과 침묵 속에서의 영적 교제를 중요하게 여긴다. 이러한 차이점 때문에 개혁주의 전통과 관상신학은 때때로 대립하는 개념으로 간주되어 왔다.

　그러나 개혁주의 신학이 강조하는 신앙의 실천과 영적 성숙을 고려할 때, 관상신학이 개혁주의 전통과 반드시 배치되는 개념은 아니다. 오히려 신학적 깊이를 더하고, 기도와 묵상의 중요성을 강화하는 방식으로 조화롭게 수용될 수 있다.

1 칼뱅과 루터의 영성과 관상적 요소

개혁 전통의 교회들에서 상당한 호응을 받는 관상 신학(범위를 좁히면 관상기도)은 내적인 변화가 물량주의나 교회 성장주의 혹은 개교회주의 등 고질적인 한국교회의 병폐를 치유하는 데 도움을 줄 수 있는 것으로 보는 견해가 있다. 반면, '관상'에 대한 관심을 천주교에서 하는 낯선 기도의 신학으로 치부하거나 종교다원주의에 영합한 이교도적인 것으로 "은혜의 주입(infusion)과 하나님과의 합일(合一)을 추구하는 반(半)-펠라기우스주의(Semi-Pelagianism)적 특성을 지닌 것이라고 할 수 있다. 또 신비주의적 성향을 지니고 있을 뿐만 아니라 아주 심각하게 평가할 때는 동양 종교나 이슬람교 안의 관상적 특성들과 잘 조화되는 소위 보편적 영성을 추구하는 것"이라고 공격받기도 한다.

종교개혁 과정에서 있었던 관상 전통과 관련한 여러 논쟁은 그런 점에서 오늘의 상황에서 새롭게 성찰해야 할 주제들이다.

"미국과 유럽을 중심으로 일고 있는 이머징 교회(Emerging Church)운동은 개혁 전통의 교회들이 변화되고 있는 포스트모던 사회에서 어떤 영성과 교회를 추구할 것인가에 대하여 우리에게 많은 생각을 하게 한다."

"종교개혁 영성의 중심 주제 가운데 하나는 중세 시대가 흘러가는 동안 교회가 갈 길을 잃어버렸다는 것이었고, 개혁의 새로운 모델은 신약성경 속의 초대교회에 있는 것으로 보았다. 그런 점에서 개혁자들은 신약성경의 시대와 16세기의 지평을 융합하려고 시도했다."

개혁 전통의 한국교회가 기도에 대한 좁은 이해를 넘어서 관상신학에 대한 보다 풍부한 전통을 회복하는 것, 특별히 예배와 성례전에서의 관상적 차원을 회복하는 것에 관심을 두어야 한다.

1) 로고스 중심의 신학적 조화와 예배적 적용

개혁주의 신학은 다음과 같은 몇 가지 핵심 원리에 기초하고 있다. 먼저는 성경 중심성(Sola Scriptura)인데, 신앙과 실천의 유일한 기준은 성경이며, 기독교적 영성도 성경에 근거해야 한다는 관점을 갖는다.

다음은 하나님의 주권성과 은혜(Sola Gratia)이다. 이는 인간의 신앙과 영성은 하나님의 주권적인 은혜에 의해 이루어진다고 보기 때문이다. 아울러 말씀과 기도의 중요성이 강조된다. 칼뱅은 신자들이 하나님의 말씀을 깊이 묵상하고, 지속적으로 기도하는 것이 신앙생활의 핵심이라고 보았다. 그리고 여기에 더해 공적 예배 중심성을 꼽을 수 있다. 개혁주의 전통에서는 신앙의 실천이 공동체적 예배 속에서 이루어지는 것을 중시해 왔다. 이러한 원칙을 고려해 보면, 개혁주의 전통은 기도와 묵상을 강조하는 부분에서 관상신학과 일정 부분 접점을 가질 수 있다.

개혁주의 전통에서는 '로고스(Logos) 중심' 신학이 강조된다. 이는 말씀을 통해 하나님을 인식하고, 신앙이 성경적 토대 위에서 형성되어야 함을 뜻한다. 반면, 관상신학은 신비적 경험을 강조하며 하나님과의 내적 교제를 강조하며, 신자의 삶 속에서 하나님을 깊이 경험하는 것을 목표로 한다. 이는 개혁주의적 관점에서 검토가 더 필요하다. 그러나 로고스 신학과 관상신학이 반드시 대립되는 개념은 아니다. 예를 들어, 장 칼뱅이 기도와 묵상의 중요성을 강조했으며, 신자의 삶에서 하나님을 깊이 경험하는 것이 필수적이라고 보는 점과 그의 『기독교 강요』에서 기도는 단순한 간구가 아니라 하나님과의 지속적인 교제라고 설명하는 것, 그리고 '성령을 통한 말씀의 조명' 개념은 관상적 신앙 체험과도 연관될 수 있다.

요한복음 1장에 나오는 말씀처럼, "태초에 말씀이 계시니라. 이 말씀이 하나님과 함께 계셨으니, 이 말씀은 곧 하나님이시다"는 선언은 로고스가 곧 신성(Divine)의 임재를 의미한다. 하지만 '우리가 이러한 임재를 어떻게 분별할 수 있는가'라는 질문은 실존적이고 중요한 과제이다. 로고스는 단순히 추상적인 개념이 아니다. 이는 우리가 삶의 고난과 혼란 속에서도 신성의 현존을 깨닫는 방식에 대한 탐구를 요구한다.

관상신학은 이 기다림과 주목의 과정을 통해, 하나님께서 고난의 순간 속에서도 우리와 함께하신다는 진리를 발견하도록 돕는다. 기다림은 단순히 수동적인 상태가 아니라 깊은 신뢰와 경청의 상태이다. 그것은 우리가 실존적 질문을 회피하지 않고, 오히려 그 질문을 통해 하나님이 누구신지, 그리고 그분이 우리와 어떻게 함께하시는지를 이해하도록 이끈다.

결국, 관상신학의 과제는 로고스를 인식하고 그 임재를 분별하는 일이다. 이는 단순한 이론적 이해를 넘어, 삶의 복잡성과 고난 속에서 경험적으로 하나님과 만나는 것을 의미한다. 이러한 여정은 기다림의 태도에서 시작되어, 우리 삶의 가장 깊은 차원에서 하나님의 임재를 발견하는 데까지 이어진 비극의 한가운데에서 현존하는 것(That which is present)을 인식하는 일은, 특히 하나님이 함께하신다는 기쁨의 선언보다는 부재(absence)가 더 적합하게 느껴질 때, 깊은 신앙적 도전을 가져온다.

성령을 통해 임재하시는 하나님은 종종 우리가 예상하는 방식으로 경험되지 않는다. 우리는 때로 하나님이 분명히 임재하시고, 여정 속에서 우리와 함께하신다는 기쁨의 고백을 외치기보다는, 하나님의 침묵과 부재 속에서 혼란을 느끼기도 한다. 그러나 이러한 부재의 감각 속에서 신학은 몇 가지 중요한 질문과 통찰을 제공한다.

(1) 부재의 체험과 신앙의 깊이

비극과 고난 속에서 하나님의 부재는 사실 단순히 하나님이 떠나셨다는 뜻이 아닐 수 있다. 이는 우리가 경험하는 고통의 깊이와 그 속에서 하나님의 임재를 찾는 신앙적 긴장을 드러낸다. 욥기를 떠올려 보면, 욥은 자신의 비극 속에서 하나님이 부재하신 것처럼 느꼈지만, 결국 그 부재는 더 깊은 대화를 향한 여정을 준비하는 것이었다. 십자가의 그리스도 또한 "나의 하나님, 어찌하여 나를 버리셨나이까?"라는 외침 속에서 부재의 체험을 드러내셨지만, 이는 부활과 구속을 향한 더 깊은 계획의 일부였다.

(2) 성령의 역할

성령은 고난과 혼란 속에서도 우리를 떠나지 않으시는 하나님의 현존으로 이해된다. 성령은 비극 속에서도 위로자, 중재자, 그리고 길을 열어주시는 분으로 활동하신다. 하지만 성령의 임재는 때로 감각적으로 명확하지 않을 수 있으며, 이는 기다림과 경청의 태도를 필요로 한다.

(3) 부재 속에서의 신앙의 고백

"할렐루야, 하나님이 나와 함께 하신다!"라는 기쁨의 고백은 분명 중요한 신앙의 표현이다. 그러나 비극 속에서는 이러한 고백이 자연스럽지 않을 수 있다. 그럴 때 신앙은 깊은 신뢰의 기다림으로 변화된다. T.S. 엘리엇이 말했듯, "희망 없이 기다리고, 사랑 없이 기다리며, 믿음은 기다림 속에 있다"는 태도가 필요할 수 있다. 하나님이 부재하신 것처럼 느껴질 때, 그 기다림은 오히려 하나님의 더 깊은 임재를 준비하는 과정일 수 있다.

비극의 현실 속에서 "하나님은 어디에 계시는가?"라는 질문은 우리의 신앙 여정에서 핵심적인 역할을 한다. 성령을 통해 하나님은 우리가 느끼지 못할 때조차도 현존하고 계신다. 그러나 그 현존은 종종 침묵과 기다림 속에서 발견되며, 이는 단순한 기쁨 이상의 깊은 신뢰와 성숙한 신앙으로 우리를 이끌어 간다.

2) 관상의 여정과 영적 수용성

관상의 자세는 단순히 수동적이거나 무기력한 상태가 아니다. 이는 적극적으로 열린 태도를 요구한다. 관상의 과정을 통해 하나님은 마음의 눈을 창조하신다. 이는 인간이 하나님의 계시를 인식할 수 있도록 준비시키는 작업이다. 그 눈을 빛으로 채우신다. 하나님의 사랑과 빛이 마음의 눈을 가득 채워, 인간이 하나님의 진리를 인식하고 체험할 수 있도록 한다. 이 과정은 관상적 삶에서 '조명(illumination)'의 순간으로 이해된다. 이는 하나님의 은총이 인간 존재의 중심에 충만하게 임재하는 사건이다.

1) 열림(Openness) : 하나님의 빛과 사랑을 받아들이기 위해, 마음과 영혼이 닫혀 있지 않은 상태가 필요하다.

2) 수용(Receptivity) : 하나님의 은총은 우리의 힘으로 쟁취할 수 없다. 우리는 받아들일 준비가 되어 있어야 한다.

3) 기다림(Attentive Waiting) : 이는 하나님의 때에, 하나님의 방식으로 다가오는 은총을 기다리는 적극적인 인내의 자세이다.

4) 항복과 순종(Yieldedness and Surrender) : 인간의 통제와 의지를 내려놓고, 하나님의 사랑에 자신을 온전히 맡기는 상태이다.

관상의 기관으로서의 누스와 관상의 자세는 하나님과의 관계에서 중요한 역할을 한다. 누스의 역할은 하나님의 사랑과 빛을 받아들이는 영적 인식의 도구이다. 따라서 관상의 자세는 열린 마음과 수용적 태도, 그리고 기다림은 하나님의 사랑이 우리에게 임하도록 하는 필수 조건이 된다. 은총의 체험으로서 관상은 하나님이 주시는 빛과 사랑을 통해 인간의 마음이 충만해지고, 진리와 사랑을 직접적으로 체험하는 삶이다.

관상은 단순한 노력이나 지식을 넘어, 하나님의 사랑과 빛을 기다리고 받아들이는 깊은 신앙의 여정이다.

2__ 현대 개혁주의 영성 신학자들과의 접점

현대 개혁주의 영성 신학자들 중 일부는 개혁주의 신학의 엄격한 이성 중심주의를 넘어서, 경험적·영적 차원의 통합적 신앙을 지향하면서 관상적 요소에 대한 수용 가능성을 보여준다. 이들은 전통적 개혁주의 교리의 뼈대를 유지하면서도, 내적 영성, 기도의 깊이, 성령의 조명, 신자의 전인적 참여 등을 강조한다. 이러한 경향은 개혁주의 전통 내에서도 관상신학적 접근이 단지 비판의 대상이 아닌, 영적 갱신의 통로가 될 수 있음을 시사한다.

1) 조나단 에드워즈 : 성령 체험과 신학의 통합

조나단 에드워즈(Jonathan Edwards, 1703-1758)는 18세기 미국 청교도 신학자로서, 신앙의 체험성과 성령의 조명을 강조함으로써 개혁주의 신학 전통 속에서 관상신학적 요소와 접점을 보여준다. 그는『Religious Affections』에서 참된 신앙은 단순한 이성적 이해가 아닌, 성령으로 말미암은 "거룩한 감정(holy affections)"이라 하며 내면 깊은 곳에서의 변화와 하나님의 임재를 체험하는 삶을 신앙의 본질로 보았다. 이러한 접근은 관상신학이 추구하는 하나님과의 인격적 만남, 내적 감수성, 경험적 영성과 구조적으로 유사하다.

긍정적으로 볼 때, 에드워즈는 신비적 영성을 개혁주의 신학 내에서 성경적 기초와 엄격한 교리 해석 위에 통합함으로써, 관상적 기도나 영적 체험이 비이성적 열광주의나 혼합주의로 흐르지 않도록 경계했다. 이는 현대 개혁주의 영성 신학자들에게도 균형의 본을 제공하는 통찰이다.

그러나 비판적으로는, 그의 신앙 체험론이 지나치게 주관적 확신과 정서적 반응에 의존할 경우, 공적 예배나 교회 공동체와의 유기성이 약화될 위험이 있다는 지적도 존재한다. 따라서 그의 사상은 관상적 영성의 통합적 가능성을 보여주되, 신앙의 객관성과 질서의 필요성도 함께 고려되어야 한다.

2) 유진 피터슨 : 현대 도시영성의 관상적 실천

유진 피터슨(Eugene Peterson, 1932-2018)은 현대 도시 문화 속에서 영성의 탈형식화와 깊은 기도와 침묵의 회복을 강조한 개신교 영성 신학자로, 관상적 기도와 일상 신앙의 통합을 추구했다. 『A Long Obedience in the Same Direction』에서 그는 느림, 반복, 침묵, 경청을 통해 하나님의 말씀을 체화하는 훈련을 제시하였으며, 특히 시편을 통한 기도적 삶의 회복을 중시했다. 이러한 점은 관상신학의 영적 리듬과 내적 주의 집중, 존재의 기도로서의 삶과 연결된다.

긍정적으로 평가할 때, 피터슨은 관상적 기도를 개혁교회 맥락에 현실적이고 실천적인 언어로 번역함으로써 신학자와 목회자, 평신도 간의 영성 간극을 줄이는 데 기여했다. 그는 신비주의적 언어를 피하고, 성경과 예배 현장 중심으로 관상적 요소를 이끌어내었다. 그러나 그의 영성운동은 때때로 구체적인 교리적 토대나 개혁주의 신학적 언어의 약화를 초래한다는 비판을 받는다. 또한, 성례전 중심성보다 개인적 묵상과 감수성에 치우칠 가능성도 있어, 교회론적 균형을 위한 보완이 필요하다.

3) 제임스 휴스턴 : 마음의 형성과 영적 인격성

제임스 휴스턴(James Houston)은 리젠트 칼리지의 창립자로서, 인격적 영성 형성과 관상적 태도의 회복을 강조한 학자이다. 그는 '마음의 형성(spiritual formation of the heart)' 개념을 통해 개인의 정체성과 하나님과의 내밀한 관계 형성을 신학적으로 제시하였으며, 관상신학이 지향하는 존재 기반의 기도, 성령의 조명, 거룩한 침묵 등을 복음주의적 언어로 통합했다.

긍정적으로, 휴스턴은 내면의 갱신과 하나님의 형상 회복이라는 관점에서 관상신학을 해석함으로써, 개혁주의 신학의 인간론 및 창조론적 기반 위에서 영성을 정립하려는 시도를 보여준다. 이는 신학과 심리학, 목회신학 간의 통합적 대화의 모델이 된다.

하지만 한계도 존재한다. '형성'이라는 개념이 경험 중심 심리학과 혼동될 위험이 있고, 개혁신학 특유의 은총 이해와 인간의 타락 교리와의 긴장도 발생할 수 있다. 또한, 그가 다루는 영성 형성의 방식이 공적 예배와 공동체적 실천과의 연결에서는 다소 약한 면을 드러낸다.

4) 리처드 러벳 : 갱신운동과 영적 체계

리처드 러벳(Richard Lovelace)은 복음주의와 영성신학 사이를 연결한 대표적 학자로, 『Dynamics of Spiritual Life』에서 영적 갱신의 흐름을 역사적·신학적으로 분석하면서, 신자의 삶 속에서 성령의 활동과 내적 회개를 강조했다. 그는 복음주의 영성의 진정한 회복은 은혜의 확신과 하나님과의 직접적 만남, 그리고 공동체적 질서가 균형을 이룰 때 가능하다고 주장한다.

긍정적으로는, 그는 개혁주의 틀 내에서 관상적 요소와 영적 체험을 구조화하고 균형 있게 통합했다. 그의 작업은 목회적 실천과 신학적 반성의 연결을 돕는 유용한 분석틀을 제공한다.

그러나 비판적으로는, 러벳이 강조한 '내적 확신'의 구조화된 해석이 지나치게 이론화될 경우, 영적 체험의 신비성과 유동성을 제약할 수 있다는 한계가 존재한다. 또한, 그의 모델은 성례전적 영성보다는 부흥운동적 모델에 가까워, 정적인 관상기도 전통과는 상이한 지점도 존재한다.

이상과 같은 네 명의 현대 개혁주의 영성신학자는 각기 다른 방식으로 개혁주의 신학의 전통 안에서 관상적 영성과의 접점을 확장해 왔다. 이들의 작업은 개혁주의 신학이 지닌 성경 중심성과 은혜 이해, 공적 예배 강조라는 정체성을 훼손하지 않으면서도, 하나님과의 깊은 영적 교제, 침묵과 기다림의 태도, 삶의 전 영역에서의 하나님의 현존 인식을 적극적으로 통합하고자 하였다는 공통된 특징을 지닌다.

조나단 에드워즈는 개혁주의의 엄격한 신학 체계 안에서 신앙의 정서적이고 체험적인 차원을 강조함으로써, 관상신학이 지향하는 하나님과의 인격적 만남에 신학적 정당성을 부여했다. 그는 성령의 조명을 통해 인간 내면에서 일어나는 은혜의 작용을 성경적이고 교리적인 틀 안에 배치하면서, 관상적 체험을 개혁신학적으로 정립할 수 있는 가능성의 문을 열었다.

유진 피터슨은 현대 도시문화 속에서 신자의 일상성과 침묵, 그리고 말씀 중심의 묵상 기도를 강조함으로써, 예배 현장에서 관상적 리듬이 어떻게 회복될 수 있는지에 대한 실천적 모델을 제시했다. 그의 사역은 특히 공예배가 감정적 고양에 치우치거나 형식주의로 흐르는 것을 방지하고, 관상신학이 지향하는 존재 기반의 예배 태도를 회중에게 적용하는 데 중요한 통찰을 제공한다.

제임스 휴스턴은 영혼의 형성과 하나님과의 깊은 관계 형성이라는 주제를 통해, 관상신학이 추구하는 인격적 응답, 내면의 조명, 존재의 변화와 같은 주제를 개혁주의 인간론과 연결시킨다. 그는 공적 예배의 구조 속에서도 성도 각자가 하나님 앞에서 인격적으로 반응할 수 있는 내적 공간을 강조함으로써, 예배 안에서의 관상적 실천 가능성을 신학적으로 지지한다.

리처드 러벳은 부흥과 영적 갱신의 구조적 원리를 제시하면서, 개혁주의 신학 내에서 관상신학적 요소들이 성령의 조명, 회개, 하나님의 임재

인식을 통해 신자 개인과 공동체 예배 모두에 적용 가능함을 보여준다. 그는 체험적 요소가 신학적 질서와 영적 훈련을 통해 통합되어야 한다는 원칙을 유지하며, 관상신학의 예배적 수용 가능성에 대한 이론적 기반을 마련한다.

이들 학자들의 작업을 검토해보면, 관상신학은 개혁주의 예배 전통과 신학적으로 조화될 수 있으며, 예배의 실존성과 영적 깊이를 회복하는 데 기여할 수 있다는 사실을 입증하는 유의미한 신학적 증거로서의 기능을 한다고 본다.

이들의 사유와 실천을 통해 얻은 세 가지 결론은 다음과 같다.

첫째, 개혁주의 전통은 관상신학의 내면적 침묵과 조명, 기다림의 신학을 이질적인 요소로만 간주할 필요가 없다. 오히려 관상신학은 말씀 중심 신앙의 깊이를 더하고, 성령을 통한 신적 현존의 체험을 회복하는 데 있어 효과적인 신학적, 실천적 도구가 될 수 있다.

둘째, 공동체 예배 안에서의 관상적 실천은 회중의 참여적 영성을 강화하는 방향으로 조정될 수 있다. 예배 내 침묵의 도입, 성경 묵상의 구조화(예: 렉시오 디비나), 반복적 성가(예: 떼제 찬양)의 활용은 관상신학의 요소를 개혁주의 예배 구조에 자연스럽게 통합하는 방식이 될 수 있다.

셋째, 관상신학은 예배를 '하나님 앞에 존재하는 자리'로 재인식하게 하며, 이는 단지 형식적 예배를 넘어서 신자들의 실존을 동반하는 예배, 곧 하나님과의 깊은 만남의 장으로 예배를 회복하는 데 기여할 수 있다.

따라서 개혁주의 예배 전통을 훼손하지 않으면서도, 관상신학의 신학적 통찰과 실천적 방법을 조화롭게 수용할 수 있는 신학적·실천적 가능성을 연결해 나갈수 있다고 보여진다. 이러한 통합은 단지 두 전통의 병렬적 나열이 아닌, 성경적 영성과 깊은 예배의 실천을 추구하는 공동의 여정으로서, 현대 한국교회가 직면한 예배의 피상성과 분열성을 극복하는 길이 될 수 있다.

3 ___ 신학적 긴장과 융합 가능성 분석

현대 기독교 예배에서 개인적 영성과 공동체적 신앙 실천의 균형을 찾는 것은 중요한 과제이다. 특히, 관상기도와 관상신학은 하나님과 깊은 교제를 강조하는 신앙적 전통으로, 예배의 본질적 의미를 재조명할 수 있는 중요한 신학적 기초를 제공한다. 관상신학은 이러한 기도적 전통을 신학적으로 정리한 것으로 하나님과의 신비적 연합을 강조하는 신학적 흐름이며 고대 교부들의 사상에서 시작하여 중세 신비주의를 거쳐 현대 영성 운동에 이르기까지 관상신학은 다양한 신학적 배경 속에서 발전해 왔다.

이에 대한 실천적 방안으로서의 관상기도는 단순한 요청이나 간구의 기도를 넘어, 하나님 앞에서 '존재하는 것'에 초점을 맞춘 기도 형태로 기도자가 내적 침묵과 고요함을 통해 하나님의 현존을 경험하는 것을 추구한다. 이는 개신교 예배 안에서 회중의 참여적 영성을 강화하는 유용한 방편이 될 수 있다.

1) 공동체적 예배에서 관상적 요소의 실천

전통적 개신교 예배는 말씀 선포와 성례전 중심의 구조로 되어 있지만, 현대 예배에서는 점점 더 깊은 영적 체험과 내적 성찰의 요소가 강조되고 있다. 이러한 관상적 요소는 예배 안에서 하나님과의 만남을 심화시키는 역할을 하며, 특히 예배 전 묵상, 기도회, 혹은 예배의 특정 순서 속에서 활용될 수 있다. 또한, 성경 낭독과 찬양 중간의 침묵 시간을 통해 신앙 공동체가 하나님의 임재를 더욱 깊이 경험할 수 있도록 돕는다.

관상신학은 예배에서 신자들이 단순한 관람자가 아니라 적극적인 참여자로 자리매김할 수 있도록 돕는다. 공동체적 예배에서 관상적 요소를 실천하는 한 가지 방법은 예배의 다양한 순서에 내적 침묵과 명상을 도입하는 것이다. 성경 낭독 후 일정 시간을 침묵으로 남겨두거나, 찬양과 기도 사이에 명상의 순간을 포함함으로써 신자들은 말씀과 성령의 역사하심을 더욱 깊이 경험할 수 있다. 또한, 성례전에서 관상적 요소를 강조함으로써 예배의 신비적 경험을 강화할 수 있다. "성찬의 순간을 단순한 의례적 행위가 아닌, 하나님과의 내밀한 교제의 시간으로 만들기 위해 신자들에게 조용한 묵상의 기회를 제공하는 것이 중요하다.

2) 예배의 형식과 내용을 통한 실존적 체험 강조

예배는 단순한 형식적 의식이 아니라 신자들이 하나님을 실존적으로 경험하는 장이 되어야 한다. 이를 위해 예배의 구성 요소에 관상신학적 원리를 반영하는 것이 필요하다. 예를 들어, 신앙 공동체가 성경을 읽을 때, 단순한 정보 전달이 아니라 하나님의 말씀을 깊이 내면화할 수 있도록 '렉시오 디비나'와 같은 묵상적 방법을 활용할 수 있다. 예배의 음악과 찬양 역시 관상적 요소를 포함하도록 조정될 수 있다.

현대 예배 음악은 종종 감성적 고양에 중점을 두지만, 관상신학적 관점에서 보면 단순한 감정의 고양보다는 내면의 깊은 평안과 하나님과의 친밀한 관계를 형성하는 것이 중요하다. 이에 따라 반복적인 성가(예: 떼제 찬양)를 사용하여 신자들이 묵상하며 찬양할 수 있는 기회를 제공하는 것도 효과적인 방법이 될 수 있을 것이다. 또한, 기도에 있어서도 그리스도교 전통에서는 묵상(meditation)과 관상(contemplation)을 구분하는데, 묵상은 보통 성경의 말씀과 신자의 삶을 숙고하기 위하여 지능, 기억, 의지 그리고 상상을 이용하여 하나님에 관하여 생각하는 기도이다. 반면 "관상은 거룩한 개념마저도 넘어서는 우상의 무서운 파괴요 불사름이며, 지성소의 정화이다. 하나님께서 비워놓으라고 하신 곳을 어떤 우상도 차지하지 못하게 하는 것이다."

개혁주의 신학은 엄격한 신학적 체계 속에서 신비적 요소를 배제하는 듯하지만, 개혁주의 신앙에서도 깊은 영적 체험이 강조될 수 있다. 예를 들어, 조나단 에드워즈(Jonathan Edwards)의 신앙 체험론은 신비주의적 요소와 개혁주의 신학이 조화를 이룰 가능성을 보여준다. 에드워즈는 신앙의 체험적 요소를 강조하면서도 이를 성경적 기초 위에서 설명하고자 했다. 이러한 접근은 개혁주의 전통 속에서도 관상신학적 실천을 도입할 수 있는 신학적 가능성을 시사한다.

적용 가능성과 한계를 논의하는 과정에서 한국 개신교 예배 전통과의 조화 및 개혁주의적 해석 문제는 중요한 고려 사항이다. 관상신학적 접근이 개혁주의 전통 내에서도 조화롭게 실천될 수 있도록 하기 위해서는 말씀과 성례전 중심의 신학적 토대 위에서 신비적 체험을 강조하는 균형 잡힌 접근이 필요하다. 이를 통해 개신교 예배가 단순한 형식적 예배를 넘어, 하나님과 깊은 교제와 영적 변화를 촉진하는 예배로 발전할 수 있다.

개혁주의 전통은 성경 중심성을 강조하면서도 기도와 묵상을 중요한 신앙 실천으로 여겨 왔다. 이러한 점에서, 관상신학이 개혁주의 신학과 반드시 배치되는 것은 아니다. 오히려 신자들이 하나님과의 친밀한 관계를 형성하고, 신앙의 깊이를 더하는 데 있어 관상적 요소는 유익한 역할을 할 수 있다. 따라서 개혁주의 전통 안에서 관상신학을 적용하려면 신학적 원칙을 유지하면서도, 성경 묵상, 침묵 기도, 영적 훈련과 같은 실천적 방법을 조화롭게 도입하면 개혁주의 예배와 신앙생활은 더욱 깊이 있는 영적 성장의 기회를 제공할 수 있다.

회중의 참여적 영성 강화 방안   3

　개혁주의 예배 전통은 성경 중심성과 공적 예배의 질서를 중시하며, 회중의 참여보다는 말씀의 선포와 교리적 정당성에 무게를 두어왔다. 그러나 현대 교회 현실, 특히 한국 개신교의 예배 현장은 형식주의와 수동성, 개인 영성과 공동체 예배의 분리, 영적 무관심 등의 문제로 인해 예배가 본래 지닌 하나님과의 만남의 자리로서의 의미를 잃어가고 있다. 이러한 상황은 예배 개혁에 있어 회중의 영적 참여와 내면적 각성을 강화할 수 있는 새로운 접근을 요구한다. 특히 관상신학이 강조하는 침묵, 기다림, 내면의 수용성, 존재의 기도 등의 요소는 개혁주의 예배 안에서도 충분히 적용 가능하며, 회중이 단순한 관찰자가 아닌 은혜의 응답자로서 예배에 참여하도록 돕는 효과적인 도구가 될 수 있다.

　이러한 회중 중심의 영성 강화 방안은 다음의 두 축을 중심으로 가능하다.

　첫째, 공동체 중심의 묵상과 참여 예배를 통해 회중이 말씀과 기도, 찬양 속에서 실질적이고 인격적으로 하나님을 만날 수 있는 구조를 형성한다.

둘째, 관상기도와 말씀·성례의 통합적 이해를 통해 예배의 두 축인 '말씀 선포'와 '성례 참여'가 신자의 내적 변화와 신비적 임재 체험으로 연결될 수 있도록 한다.

관상신학은 단지 개인적 영성 수련의 도구가 아니라 공적 예배 안에서 회중의 실존적 응답과 전인적 참여를 이끄는 예배적 자원이 될 수 있다. 나아가 이러한 관점은 개혁주의 예배의 본질을 보존하면서도, 영적 깊이와 공동체적 역동성을 회복하는 예배 갱신의 방향성을 제시할 수 있다.

1 공동체 중심의 묵상과 참여 예배

개혁주의 전통은 공예배를 신자의 신앙생활 중심으로 간주하며, 예배를 통해 하나님의 말씀과 은혜에 응답하는 공동체적 행위를 강조해 왔다. 그러나 현대 한국교회 예배 현장은 종종 일방적 전달, 형식적 순서 진행, 회중의 수동적 태도로 인해 예배의 실존적 깊이를 상실하고 있다. 이러한 배경에서 관상신학의 실천적 요소, 특히 침묵, 묵상, 내적 응답, 전인적 참여는 회중의 영성을 활성화하는 효과적인 대안이 될 수 있다.

'공동체 중심의 묵상'은 예배를 단순히 설교 청취나 찬양 행위로 제한하는 것이 아니라 예배 전반에 걸쳐 회중이 하나님 앞에 '존재'하도록 이끄는 영적 공간을 마련하는 것을 의미한다. 예를 들어, 성경 봉독 이후 짧은 침묵의 시간을 통해 말씀에 대한 내면적 응답을 유도하거나, 찬양과 기도 사이에 묵상의 간격을 두는 방식은 회중이 예배에 전인적으로 참여할 수 있는 기회를 확장시킨다.

또한 반복적이며 간결한 가사의 성가나 떼제(Taizé) 찬양 등의 활용은 감정적 고양이나 단순 감상적 예배가 아닌 내면의 주의 집중을 유도하는 도구로 사용될 수 있다. 이러한 음악은 회중으로 하여금 감정의 분출이 아닌, 말씀과 영의 일치 속에서 자신을 비워내고 하나님의 임재에 머무는 공간을 열어준다.

이러한 실천은 공예배 내에 관상적 요소를 통합함으로써, 신자 개개인이 '예배의 관찰자'가 아닌 '은혜의 응답자'로 서도록 형성할 수 있다. 다시 말해, 묵상과 침묵은 예배를 지연시키는 요소가 아니라 말씀과 성령의 역사에 회중이 깊이 연결되도록 돕는 관문이 될 수 있다.

2 관상기도와 말씀·성례의 통합적 이해

관상기도는 본질적으로 하나님의 현존 안에 '머무는 것'을 중심으로 하며, 이는 단순한 간구나 요청을 넘어 존재의 기도, 침묵의 기도, 내면의 인식으로 나아간다. 이러한 기도는 말씀 묵상과 성례전 참여라는 개혁주의 예배의 핵심 요소들과 배치되지 않으며, 오히려 그 실천을 심화시키는 방향으로 작용할 수 있다.

우선, 성경 말씀과 관상기도의 통합은 '렉시오 디비나'와 같은 고대 묵상 전통을 통해 이루어질 수 있다. 이는 단순한 말씀 읽기나 해석이 아니라 읽기(lectio), 묵상(meditatio), 기도(oratio), 관상(contemplatio)의 네 단계를 통해 말씀을 존재 차원에서 체화하고 응답하는 예배 행위로 확장시킨다. 이러한 관행은 개혁주의 교회에서도 성경 본문을 중심으로 침묵과 묵상을 실천할 수 있는 구조적 틀을 제공한다.

또한, 성례전, 특히 성찬(Eucharist)의 관상적 해석은 개혁주의 예배의 회복에 중요한 시사점을 제공한다. 성찬은 단지 과거 사건의 기념이 아닌,

하나님의 현재적 임재와의 내밀한 교제의 자리이며, 이 신비를 인식하기 위한 내면의 준비와 묵상적 수용성이 강조되어야 한다. 관상기도는 성찬 전후의 침묵 시간을 통해, 회중이 단순한 의례 참여가 아니라 그리스도의 임재를 깊이 인식하고 응답하는 예배적 태도로 나아가도록 도울 수 있다.

이와 같은 통합적 이해는 말씀과 성례를 단절되지 않은 하나의 거룩한 흐름으로 연결하고, 신자의 전 존재를 하나님 앞에 세우는 데 결정적인 역할을 한다. 개혁주의 예배는 본질적으로 '말씀의 표지'(verbum visibile)로서의 성례를 강조하는데, 관상기도는 이 표지를 삶의 실제 경험으로 번역하도록 돕는다.

IV
사례분석 : 한국 개신교
예배에서의 적용 실험

개신교 예배가 지닌 역사적 전통과 구조적 특징은 기본적으로 종교개혁 이후 확립된 말씀 중심의 간결한 예전을 핵심으로 삼아 왔다. 그러나 현대 예배학과 영성신학에서는 이러한 예배가 한편으로는 영적·신비적 체험이 약화되었다는 점을 지적해 왔으며, 이를 보완하기 위해 예배 현장에 관상적 요소들을 도입하는 갱신 운동이 활발히 일어났다. 예배 갱신을 위한 방향은 말씀이 지닌 권위와 의미를 지키면서도, 예배 현장에서 인간의 오감과 내면을 더욱 깊이 자극해 하나님을 체험할 수 있는 다양한 방식을 모색했다. 그 과정에서 음악, 침묵, 상징, 성찬 등 전통적 예전 요소들이 재해석되거나 새로운 차원으로 확장되었고, 이러한 시도는 일련의 '관상적 예배' 사례들을 낳게 되었다.

관상적 예배 사례를 살펴보는 것은 학문적·신학적 이론이 실제 예배 현장에서 구현되는 양상을 관찰함으로써, 개신교 예배가 가진 잠재력과 한계를 동시에 확인할 수 있게 하는 데 도움이 된다. 과거 종교개혁 시기에는 중세 가톨릭의 복잡한 의식과 형상의 숭배를 비판하며 단순화된 예배를 추구하였으나, 오늘날 신자들은 역설적으로 예배에서 더욱더 직관적이고 감성적인 접근을 갈망하게 되었다.

관상적 예배 사례는 이러한 현대 신자들의 영적 갈급함을 채우는 구체적 방식들을 제시하며, 말씀 중심이라는 전통적 핵심 가치를 훼손하지 않으면서도 예배 경험을 심화시키는 길을 우리에게 보여준다. 실제로 일부 교회들은 성찬 예전을 월이나 분기별 행사로 축소하지 않고, 찬양과 묵상을 결합한 형태로 이를 자주 시행함으로써 예배자들이 성찬 속에서 그리스도의 임재를 생생하게 느끼도록 하고 있다.

또 다른 교회들에서는 침묵기도와 음악의 반복적 찬양, 시각적 상징들을 활용하여 예배자들이 예배 가운데 내면의 소리에 귀를 기울이고, 성령의 부드러운 감동을 직접 체험할 수 있는 시간을 갖도록 배려하기도 한다. 이러한 구체적 시도들은 기존의 "설교 듣기"에 집중된 예배가 회중들에게 단순한 지식 전달을 넘어서는 영적 기회를 제공한다는 점에서 새로운 통찰을 우리에게 제시해 준다.

동시에, 관상적 예배 사례에 대한 연구는 "말씀 중심 예배"라는 종교개혁 정신과 "관상적 전통"을 어떻게 조화시킬 것인지에 관한 실제적 해법을 모색하는 과정이기도 하다. 관상은 인간의 이성적 이해를 넘어서는 신비적 만남을 강조하기에, 자칫 개신교의 핵심인 말씀 선포가 희석되지 않을까 하는 우려가 존재해 왔던 것이 사실이다. 그러나 우리가 살펴보는 각종 사례는 오히려 말씀을 뒷받침하고 풍성하게 만드는 보조 역할로서, 침묵이나 시각적·청각적 상징, 성찬 예전 강화 등이 매우 효과적임을 보고하고 있음을 알 수 있다. 이를 통해 개신교 예배는 인간의 감각과 정서를 온전히 활용하여, 말씀의 메시지를 더욱 깊숙이 내면화하고 지속적으로 삶에 적용하게 만드는 길을 열게 될 것이다.

따라서, 이러한 관상적 예배의 구체적 실천 양상을 집중적으로 살펴보고, 음악과 상징 활용, 공동체적 예식 재배치, 예배 구조 전반에 침묵과 묵상의 시간을 삽입하는 사례들이 실제 교회 현장에서 어떻게 이루어지는지 구체적으로 살펴보는 것은 의미가 있다. 이 같은 사례 분석은 예배 갱신론이나 예배학적 이론을 실제 목회 현장에 접목시키는 데 도움이 될 뿐만 아니라 교회가 처한 문화적·제도적 한계 안에서 어떤 방식으로 관상적 요소를 적용할 수 있는지 현실적 지침을 제공하게 될 것이다. 결국, 관상적 예배 사례 연구는 개신교 예배 갱신을 위한 하나의 실험실(laboratory)과 같은 의미를 지닌다. 예배학적 통찰과 교회 현장의 요구가 맞물려, 회중이 하나님의 임재를 보다 직관적으로 경험하고, 영혼 깊은 곳에서 변화와 성숙을 체험하게 하는 것—이것이 관상적 예배가 추구하는 궁극적 목표라 하겠다.

관상신학이 개신교 예배에 도입될 경우, 단순한 구조적 변화가 아니라 예배에 대한 근본적인 신학적 이해가 새롭게 조명될 필요가 있다. 개신교 신학 전통의 말씀 중심주의는 반드시 신비적 체험과 대립되는 개념이 아니라 오히려 개혁주의 전통에서도 성찬을 통한 신비적 연합과 성령을 통한 영적 각성이 강조된 바 있다. 따라서 관상신학적 요소를 개신교 예배에 적용하는 것을 개혁주의 신학과 충돌하기보다는 이를 보완하고 심화시키는 방향으로 접근할 수 있다.

현대 개신교 예배에서 주요한 문제점 중 하나는 회중의 소극적 태도이다. 많은 교회에서 예배가 여전히 강단 중심적이며, 성도들은 주어진 형식에 따라 수동적으로 예배에 참여하는 경향이 강하다. 그러나 관상신학적 접근은 회중의 참여적 영성을 강화하고, 단순한 감정적 고양이 아니라 깊은 내적 변화와 지속적인 영적 성장을 도모하는 데 초점을 맞춘다. 이러한 변화는 예배 속에서 침묵, 묵상, 영적 성찰의 시간이 강조될 때 가능하며, 이를 통해 성도들은 하나님과의 인격적 만남을 경험할 수 있다.

관상적 예배의 실천적 구조 제안   1

　관상신학적 예배 실천은 단순한 형식적 변화를 넘어 예배를 통한 신앙적 경험의 심화를 목표로 한다. 이는 설교와 성례전에서의 접근 방식 변화, 회중의 참여를 강화하는 방식으로 실현될 수 있다. 이러한 맥락에서 관상적 예배는 설교와 성례전을 보다 신비적이고 내면적 성찰의 공간으로 변화시키며, 회중이 예배를 단순한 듣는 행위에서 벗어나 하나님과의 깊은 영적교제를 경험하도록 돕는다. 설교와 성례전에서의 관상적 접근을 알아보며, 개혁주의 전통 내에서 이러한 변화를 어떻게 조화롭게 실천할 수 있는지를 살펴 회중의 참여를 촉진하고 내적 성찰을 강조하는 예배 구조를 알아보자.

1 관상신학의 개혁주의적 해석과 조화

관상신학은 동방교회의 신비주의적 전통에서 비롯되었으며, 이는 개혁주의 신학과 상충될 수 있는 요소를 내포하고 있다. 개혁주의 신학은 말씀과 성례전의 객관성을 강조하며, 지나친 신비주의적 접근이 신학적 균형을 잃게 할 가능성을 우려해왔다. 따라서 관상신학이 개혁주의 신학과 충돌하지 않으면서도 조화를 이룰 수 있는 가능성이 모색되어야 한다.

이러한 조화 가능성은 관상신학의 신학적 전제를 개혁주의 관점에서 재해석함으로써 모색될 수 있다. 예컨대, 관상신학에서 강조되는 '하나님의 임재 인식'(awareness of divine presence)은 개혁주의 전통 안에서 성령을 통한 말씀 묵상과 기도, 즉 경건 생활의 연장선으로 이해될 수 있다.

깔뱅은 성령에 의한 내적 조명을 통해 성경의 진리를 인식하고, 그 진리 속에서 하나님과 인격적인 교제를 나눌 수 있다고 보았으며, 이는 관상신학의 '신적 현존의 체험' 개념과 일정 부분 상통한다고 할 수 있다. 또한 개혁주의 신학의 중심 원리인 '솔라 스크립투라'(Sola Scriptura)는 관상적 실천을 배제하는 것이 아니라 오히려 말씀을 깊이 묵상함으로써 하나님의 뜻에 순복하고, 성령의 인도하심 속에서 하나님을 직관하는 삶을 가능케 한다. 이와 같은 점에서 관상신학은 신비주의적 자기 몰입이 아닌, 삼위 하나님의 인격적 교제라는 방향으로 개혁주의 안에서 재정립될 수 있다.

특히, 현대 개혁주의 전통 안에서는 관상적 신앙 실천을 목회적 차원에서 유익한 도구로 수용하려는 시도들도 이루어지고 있다. 예를 들어, 유진 피터슨(Eugene Peterson)이나 제임스 휴스턴(James Houston)과 같은 개혁주의 영성가들은 깊은 말씀 묵상과 침묵 기도를 통해 하나님의 음성에 귀 기울이는 삶을 강조한다. 이를 통해 신자들의 신앙이 내면화되고 삶 속에서 성육신적으로 나타날 수 있다고 주장한다.

이와 같이, 관상신학은 개혁주의 신학의 교리적 테두리를 벗어나지 않는 선에서, 말씀 중심의 경건 생활과 성령의 내적 조명을 강조함으로써 신자의 삶을 더욱 깊고 내밀한 하나님과의 교제로 이끌 수 있는 신학적·실천적 가능성을 지닌다. 이러한 재해석과 적용을 통해 관상신학은 개혁주의 공동체 안에서도 유익한 영성 자원으로 자리매김할 수 있을 것이다.

2 ___ 공동체 예배에서의 관상적 순서 도입

설교의 목적은 단순한 교리 전달이 아니라 성도들이 하나님의 말씀을 묵상하고 내면화하는 데 있다. 주일 공동체 예배에서 관상의 가능성을 개진하고자 할 때 필요한 것은 무엇보다도 먼저, 침묵의 공간이 필요하다. 아빌라의 데레사와 함께 스페인 신비신학의 거장인 십자가의 성 요한((Saint John of the Cross)은 수도자들에 매일 2시간의 침묵 기도를 요구한 것으로 알려진다. 마더 테레사는 '침묵은 우리에게 말씀하시는 하나님'이라고 했다.

니느웨의 이삭(Issac of Nineveh)은 "침묵은 혀로 해석하기에는 너무나 연약한 열매 가까이로 우리를 데려갈 것이며, 진실을 사랑한다면 침묵을 사랑해야 하는데, 이는 침묵이 하나님과 당신을 일치시킬 것이기 때문이다"라고 강조했다. 에카르트는 침묵만큼 하나님을 닮은 것이 없다고도 했다. 이 같은 맥락에서 보면, 침묵은 단순한 영성적 도구에 그치는 것을 넘어 더 깊은 우리이신 하나님의 존재에 참여하는 것이다.

"침묵은 살아있는 풍요하고 신성한 공간이며, 모든 언어와 문화적 분열을 넘어서는 소리보다 앞선 현존이며, 소리가 생각과 함께 생겨나는 근원이다."

이러한 이해를 통해 공동체 예배의 전례를 수행한다면 우리의 교회 예배 공간 속을 가득 채운 더 큰 현존에 기댈 공간을 가지며, 우리를 사로잡고 있는 생각들을 내려놓을 수 있게 된다. 관상신학은 설교 후 침묵과 묵상의 시간을 강조하여 설교가 더 깊이 있는 신앙 체험으로 이어지도록 돕는다. 예를 들어, 말씀을 듣고 난 후 2~3분간 조용한 묵상의 시간을 제공하면 회중이 설교의 의미를 내적으로 성찰할 기회를 가질 수 있다.

말씀 봉독 이전과 봉독 후, 그리고 설교 후 침묵을 통한 묵상으로 우리의 삶의 자리 속으로 말씀의 의미가 더 깊이 스며들 수 있게 해 줄 것이다. 예를 들어 복음서를 봉독한 후에 회중들은 그 이야기의 장면으로 들어가도록 초대받는다. 그리고 그 장면 가운데 예수 그리스도를 향해 올라오는 질문이나 말이 있는지, 살아계신 성령께서 주시는 말과 행동이 있는지를 열린 마음으로 함께 머물러 보게 된다.

이러한 과정은 회중의 정신과 영적 마음이 머물도록 도와준다. 또한, 대표기도를 침묵으로 시작한다면 우리 안에 부어주시는 성령의 역사로 말미암아 하나님의 마음에 합한 더 깊은 기도가 올라오게 될 것이다. 이러한 관상을 성찬 예식에 적용하게 되면 경이로운 현존이 우리 안에 살아계시길 초대하며 성찬에 참여할 수 있다.

침묵 외에도 공동예배에서 관상적 요소로 중요한 것은 침묵과는 반대로 여겨지는 '소리'이다. 악기 연주와 노래를 포함하는 음악은 예배에 임하는 정신을 다양한 층위의 영적 마음으로 이끌어 갈 수 있다.

예배에서의 음악적 요소는 하나님의 임재와 현존을 느끼도록 열림을 도와줄 수 있고, 그러한 현존은 전 존재가 초월적인 찬양과 열린 의식에 함께 표현된다. 이와 같은 지향이 있는 영적 공동체로 나아가기 위해서 중요한 것과 가능한 것을 감지해 낼 수 있어야 할 것이다. 관상적 의식들이 회중의 영적 변화를 만들어 낼 수 있다. 관상적 요소로써 침묵과 소리는 서로 밀접하게 연결되어 있으며, 소리는 풍요로운 침묵이 드러내는 특정 모양으로 지각된다. 이러한 통찰이 주일예배나 다른 공동예배에 참석한 사람들의 직접 현존에 머무는 길을 열어 깊이 있는 영성으로 나아가게 할 것이다.

이처럼 침묵과 소리의 균형은 공동체 예배 속에서 신자들의 내면이 하나님의 현존 앞에 머물 수 있도록 돕는 실천적 기반이 된다. 예배 순서 속에 의도적으로 설계된 침묵의 순간들은 회중이 단순히 외부적 형식이 아닌, 자신의 내적 공간에서 하나님의 현존을 감지하고 응답할 수 있도록 한다. 이러한 관점에서 볼 때, 침묵은 '사이 공간'(liminal space)으로 기능하여 말과 행동 사이에서 성령의 미묘한 움직임을 감지하게 하며, 인간의 반응이 아닌 하나님의 주도하심에 귀 기울이게 만든다.

더 나아가 관상적 예배 순서의 도입은 예배의 형식에 국한되지 않고, 회중의 전인적 참여를 이끌어내는 방향으로 확장되어야 한다. 즉, 설교 전후 침묵의 시간, 묵상적 찬양, 느린 템포의 악기 연주, 공동 낭독이나 말씀의 '렉시오 디비나'적 적용은 모두 관상적 분위기를 조성할 수 있는 실천들이다. 이를 통해 예배는 정보 전달의 장을 넘어 회중 각자가 하나님의 음성을 '듣는' 장소로 전환된다.

제임스 스미스(James K. A. Smith)는 인간이 단순한 '사고하는 존재'가 아니라 '예배하는 존재'(homo liturgicus)라고 보며, 반복적인 예배 실천 속에서 영성이 형성된다고 강조한다. 이 관점은 관상신학이 말하는 '존재의 깊이로 침잠하는 예배'와 맞닿아 있다. 곧, 공동체가 매 주 반복하는 예배가 단순한 전통이 아닌, 존재 깊숙한 곳에서 하나님을 체험하는 경로가 될 수 있음을 보여준다.

또한, 성례전의 맥락에서 관상적 실천은 그 의미를 더욱 풍성하게 한다. 예를 들어, 성찬 전후 침묵의 시간을 통해 우리는 그리스도의 임재 앞에 머무는 경험을 할 수 있고, 성찬의 상징이 단순한 기념을 넘어 '지금 여기'에서의 영적 실재로 느껴질 수 있다. 이는 개혁교회의 전통적 성례 이해와도 조화를 이루며, 관상신학의 핵심인 '하나님과의 일치의 체험'을 공동체적으로 나누는 장이 될 수 있다.

마지막으로, 관상적 공동예배의 도입은 단순한 예배 순서의 개편이 아닌 교회가 지향해야 할 '존재 방식'의 전환을 내포한다. 이는 예배를 통하여 회중이 세상의 소음과 조급함에서 벗어나 하나님의 리듬 안으로 들어가는 것을 의미한다. 이러한 예배는 영적 형성과 삶의 성찰, 공동체적 연대감 형성을 동시에 추구할 수 있으며, 개신교 예배의 깊이를 확장하는 중요한 열쇠가 될 수 있다.

1) 관상기도의 적용

관상신학이 공동체 예배와 개인 영성의 심화에 기여하기 위해서는 그 핵심적 실천인 관상기도의 구체적 적용이 중요하다. 관상기도는 전통적으로 렉시오 디비나의 단계 중 마지막 두 단계인 오라티오(oratio, 기도)와 콘템플라티오(contemplatio, 관조)에서 정점에 이르며, 말씀을 통한 내면화와 하나님과의 내적 일치를 목표로 한다.

(1) 기도(오라티오, Oratio)와 응답

오라티오는 하나님의 말씀에 대한 인간의 반응으로, 텍스트 묵상을 통해 들려오는 하나님의 음성에 대해 인격적으로 응답하는 기도의 단계이다. 개혁주의 전통에서 강조하는 '말씀 중심'의 신앙은 여기서 관상적 기도와 깊이 연결된다. 말씀을 단순히 지적 이해의 대상으로만 여기는 것이 아니라 그 말씀 앞에서 내 존재 전체가 응답하는 것을 목표로 삼는다.

개신교 전통에서 '기도'는 종종 청원과 간구에 집중되어 왔으나 관상신학의 맥락에서 오라티오는 하나님 앞에서의 '열림'과 '경청'으로서 기능한다. 다시 말해, 기도는 인간이 하나님께 말을 거는 것에 그치지 않고 하나님이 주도하시는 대화 속에 참여하는 것이다. 이러한 오라티오는 정형화된 말보다 살아있는 말씀을 통해 우리의 삶과 감정, 욕망, 그리고 고통까지도 하나님 앞에 드러내는 응답적 실천이다.

공동체 예배에서 오라티오를 실천적으로 적용하는 방식은 다양하다. 예를 들어, 말씀 봉독 이후 회중이 자신에게 들려온 말씀에 대해 짧은 문장으로 응답하는 기도를 침묵 속에 올리는 시간이나, 대표기도 전후에 말씀이 이끄는 방향으로 침묵 속에서 기도의 마음을 정돈하게 하는 순서를 포함할 수 있다. 이는 회중이 하나님의 말씀에 깊이 반응하도록 돕고, 기도를 '행위'가 아닌 '존재의 자세'로 확장시킨다.

제임스 스미스(James K. A. Smith)는 인간을 '단순한 사고하는 존재가 아닌, 사랑하고 습관을 따라 사는 존재(homo liturgicus)'로 규정하며, 반복되는 예전과 예배 실천을 통해 영성이 형성된다고 보았다. 이는 관상기도가 예배 안에서 지속적이고 반복적으로 이루어져야 할 필요성과 방향을 정당화 해준다.

(2) 관조(콘템플라티오, Contemplatio)와 침묵의 실천

콘템플라티오는 렉시오 디비나의 마지막 단계로, 말과 개념을 넘어서 하나님의 존재 안에 머무는 '순수 현존의 시간'이다. 이때 중요한 요소가 바로 침묵이다. 침묵은 단순한 정적 상태가 아니라 하나님과 깊은 연합을 지향하는 역동적 공간이며, 말보다 앞서 있는 신적 현존의 감지이다. 이 침묵은 개신교 전통에서 상대적으로 간과해 왔으나, 성령의 인도하심을 받는 묵상의 시간으로서 재조명될 필요가 있다.

콘템플라티오는 더 이상 무엇을 하거나 성취하려는 욕구에서 벗어나 하나님 앞에 '있는 그대로' 존재하는 훈련이다. 이는 칼뱅이 강조한 '경건'(Pietas)과도 맞닿아 있으며, "하나님 앞에서의 삶"(Coram Deo)을 실현하는 깊은 내면의 표현이다. 침묵은 이 경건의 토양을 제공하며, 말씀과 기도를 지나 이제 하나님과 단순히 함께 있는 영적 휴식의 자리가 된다.

틸든 에드워드는 침묵을 "살아있는 풍요하고 신성한 공간이며, 모든 언어와 문화적 분열을 넘어서는 소리보다 앞선 현존이며, 소리가 생각과 함께 생겨나는 근원"이라고 주장한다. 이와 같은 침묵의 이해는 예배에서의 단절이 아닌, 가장 깊은 일치를 이루는 도구로 받아들여질 수 있음을 보여준다.

공동체 예배나 소규모 묵상 모임에서 콘템플라티오를 적용할 수 있는 방법으로는 다음과 같은 실천들이 있다.

- 말씀 묵상 후 5분간의 침묵의 시간: 말씀과 기도를 마친 후, 회중이 각자의 자리에서 눈을 감고 호흡을 가다듬으며 그 말씀 속에서 하나님의 임재를 음미한다.
- 성찬 예식 후 침묵: 성찬을 통해 임재하신 그리스도의 사랑과 몸을 깊이 받아들이는 시간으로서의 침묵.
- 찬양 후 정지된 시간: 음악과 감정이 고조된 후, 아무 소리도 없는 가운데 회중이 성령의 미묘한 감동을 인식하게 하는 여백.

2) 렉시오 디비나(Lectio Divina)의 예배 내 실천

렉시오 디비나는 전통적인 수도원 영성에서 유래한 말씀 묵상 방식으로, 네 가지 단계—렉시오(읽기), 메디타티오(묵상), 오라티오(기도), 콘템플라티오(관조)—를 통해 하나님의 말씀과 인격적으로 교감하고 내면화하는 영적 훈련이다. 현대 개신교 예배 내에서 이를 실천적으로 적용할 수 있는 가능성이 점점 주목받고 있으며, 이는 단지 개인 묵상에 머무르지 않고 공동체 예배의 구조와 리듬에 깊이를 더해줄 수 있다.

특히, 예배 순서 안에 '렉시오 디비나'의 요소를 포함시키는 것은 회중이 '말씀을 듣는 자'에서 '말씀 안에 머무는 자'로 전환되도록 돕는다. 말씀 봉독이 단순히 정보 전달이 아니라 성령 안에서 말씀을 통해 살아 계신 하나님의 음성을 듣는 체험이 되기 위해, '오라티오'와 '콘템플라티오'의 단계는 예배 안에 적극적으로 통합될 필요가 있다.

렉시오 디비나와 프로페짜이(Prophecy)의 차이를 통해 살펴보면, 이 둘은 각각 기독교 전통에서 영적 성장과 하나님의 뜻을 이해하는 데 중요한 도구로 여겨지지만, 그 개념, 목적, 실행 방식에서 본질적으로 차이가 있다.

먼저, '렉시오 디비나'는 라틴어로 "거룩한 읽기"를 뜻하며, 성경을 단순히 학문적으로 연구하는 것을 넘어, 묵상과 기도를 통해 하나님의 말씀을 개인적으로 듣는 영적 실천이다. 이는 중세 수도원 전통에서 발전했으며, 성경 묵상의 체계적 방법론으로 사용되었다. 이러한 '렉시오 디비나'의 목적은 하나님 말씀을 깊이 내면화하고, 이를 통해 영적 성장을 이루는 것에 있다. 성경 본문을 단순히 지적으로 이해하는 것을 넘어, 하나님과의 개인적 교제를 경험하고 삶 속에서 말씀을 실천하는 것을 그 목표로 한다.

그 실행방식은 일반적으로 다음 네 단계로 진행된다.

- 렉시오(Lectio): 성경 본문을 천천히 읽으며 특정 단어나 구절에 주의를 기울인다.
- 메디타시오(Meditatio): 읽은 내용을 묵상하며, 본문에서 하나님께서 주시는 메시지를 찾는다.
- 오라티오(Oratio): 묵상한 내용을 바탕으로 하나님께 기도로 응답한다.
- 콘템플라티오(Contemplatio): 하나님의 임재를 침묵 속에서 기다리며,

그분과의 친밀한 교제를 나눈다.

'렉시오 디비나'의 특징은 성경 본문을 통해 하나님께서 말씀하시는 것을 듣고 내면화하는 과정이다. 개인적이고 조용한 시간에 이루어지며, "듣는 기도(listening prayer)"의 형태로 진행된다.

반면, 프로페짜이(Prophecy)는 하나님께서 인간을 통해 자신의 뜻이나 계획을 드러내는 행위를 말한다. 이는 구약과 신약에서 중요한 역할을 하며, 예언자는 하나님의 메시지를 전달하는 매개체로서 활동한다. 프로페짜이는 "직접적인 하나님의 계시(revelation)"로 간주된다. 이러한 '프로페짜이'의 목적은 하나님의 뜻이나 계획을 공동체나 개인에게 전달하여 경고, 위로, 격려, 또는 미래에 대한 통찰을 제공하는 것이 목적이다. 하나님의 백성에게 올바른 길로 인도하거나 하나님의 뜻을 이해시키는 역할을 한다.

실행방식에 있어서 프로페짜이는 다음과 같은 과정을 포함한다.

- 영적 감동: 성령의 특별한 감동을 통해 하나님의 메시지를 받는다.
- 예언의 전달: 받은 메시지를 개인, 공동체, 또는 대중에게 전달한다.
- 시험과 확인: 예언이 하나님의 뜻에 부합하는지 성경과 교회의 가르침을 통해 검증한다.

이처럼 프로페짜이는 개인적 영적 경험뿐 아니라 공동체적 성격을 가지며, 하나님께서 주도적으로 메시지를 전달하신다. 메시지는 종종 구체적이며, 미래에 대한 통찰이나 경고, 권면을 포함할 수 있다. 따라서 예언의 진위 여부는 성경과 성령의 조명으로 확인해야 한다.

렉시오 디비나와 프로페짜이는 서로 대조되는 개념이지만, 신앙생활에서 상호보완적으로 사용될 수 있다. 렉시오 디비나는 성경 본문에 근거하여 하나님과의 지속적이고 내적인 교제를 가능하게 한다. 반면, 프로페짜이는 공동체의 방향성과 하나님의 뜻을 구체적으로 드러내며 예배와 사역의 구체적인 실행에 도움을 준다. 따라서 렉시오 디비나는 내적 성찰과 개인적 신앙의 깊이를 위해 활용되고, 프로페짜이는 공동체의 방향성과 하나님의 뜻을 알리는 데 중요한 역할을 한다.

렉시오 디비나와 프로페짜이는 모두 하나님의 말씀을 듣고 이를 실천하는 데 중요한 영적 도구로 작용한다. 그러나 렉시오 디비나는 개인의 내적 묵상과 기도에 집중하며, 프로페짜이는 하나님께서 특정 메시지를 전달하기 위해 사용하는 예언적 활동이다. 두 실천 모두 신앙생활에서 하나님의 뜻을 이해하고, 이를 실천하는 데 서로 다른 방식으로 기여한다.

이러한 침묵은 회중에게 익숙하지 않을 수 있지만, 반복과 훈련을 통해 '하나님의 소리'가 들려오는 내면의 감수성을 형성하게 하며, 이는 곧 깊은 영적 변화로 이어질 수 있다.

3 __ 관상적 예배 갱신의 국내외 사례 분석

개신교 예배에서 관상적 요소를 도입하고자 하는 시도는 이미 여러 지역 교회와 전통에서 다양하게 공식, 비공식적으로 전개되어 왔다. 이러한 시도를 예배 사례를 통해 관상신학적 요소의 관점에서 보면, 관상적 예배가 가져오는 변화와 성과, 그리고 그 과정에서 드러나는 한계와 도전 과제를 좀 더 구체적으로 살펴볼 수 있다.

관상적 요소를 통한 예배 갱신의 가장 대표적인 예시는 침묵기도를 구조화한 예배 사례를 들을 수 있다. "음악이 음표들 사이의 여백과 빈 공간에 많은 관심을 가지는 것처럼, 예배도 침묵의 필요성에 관심을 가져야 한다." 이것은 이건 단순한 '형식의 변화'가 아니라 예배에 대한 신학적 이해, 그리고 예배 문화의 전환을 다루는 주제이기도 하다. 개신교 예배에서 침묵을 도입하려면 단순히 "형식을 넣자"는 접근이 아니라 "그 침묵이 왜 필요한가, 무엇을 위한 침묵인가, 침묵이 하나님의 임재를 경험하는 데 어떤 역할을 하는가?"에 대한 이해와 성찰이 전제되어야 한다.

'소리로 가득 찬 예배, 그러나 마음은 비어 있다.' 오늘날 예배는 음악, 설교, 기도, 광고까지 끊임없는 말과 소리로 채워져 있다. 그러나 질문해 봐야 할 것이다. '소리의 홍수 속에서 우리는 정말 하나님의 말씀을 듣고 있는가?'

하나님을 향한 예배에서 침묵의 부재는 경청의 부재로 이어질 수 있다. 그리고 모든 공간을 소리로 채우는 것은 결국 하나님께서 말씀하실 여백을 지우는 것일 수도 있다는 통찰이 요구된다. 침묵은 하나님의 현존을 인식하는 공간이기 때문이다.

"여호와는 그 성전에 계시니 온 땅은 그 앞에서
잠잠할지니라" (하박국 2:20)

"잠잠히 하나님만 바람이여" (시편 62:5)

방송에서는 침묵(무음, dead air)의 시간이 일정 이상 지속되면 방송 사고(broadcasting accident)로 간주된다. 일반적으로 5~10초 이상의 침묵이 있으면 '방송사고'로 판단되는데, 영상과 함께 아무 설명도 소리도 없으면, 시청자는 "문제가 생겼다"라고 느끼게 되는 것이다. 개혁주의 전통의 예배에서는 이러한 "침묵"을 마치 '방송사고'처럼 받아들이는 부분이 없지 않다.

침묵은 '방송사고'가 아니다. 하나님을 위한 시간이다. 방송에서는 침묵이 곧 '사고'이지만, 예배에서 침묵은 '거룩한 중단(Holy Pause)'이 되는 것이다.

따라서 관상신학이 말하는 '침묵'은 단절이 아니라 연결이다. 침묵은 하나님과 내적 일치를 이루는 장소이며, 말씀을 듣고, 찬양을 부른 다음, 그 말씀이 내 안에 스며들 기회를 주는 것, 그것이 침묵이다.

A 교회에서는 주일예배 순서에 "침묵과 묵상" 시간을 공식적으로 삽입하여, 예배 시작 전후와 설교 직후에 각각 1분~2분 정도를 엄숙히 비워두었다. 교회는 사전에 회중에게 침묵의 의미와 방법을 교육하였으며, 예배 인도자는 짧은 안내 멘트를 통해 이 시간이 "하나님 앞에 서는 영적 준비" 혹은 "말씀을 소화하고 성찰하는 순간"임을 강조했다. 그 결과, 교인들은 예배가 "진행되는" 프로그램을 소극적으로 소비하는 대신, 스스로 참여하고 응답하는 태도를 강화하게 되었다고 보고했다. 전통적으로 설교 중심 예배에 익숙했던 교인들에게는 처음에 어색함이 있었으나, 점차 침묵기도 시간을 기다리고 갈망하게 된 사람들이 늘어났다는 점은, 관상적 요소가 실제 목회 현장에서 회중의 영적 갈증을 해소하는 효과를 가질 수 있음을 시사한다.

서울시의 한 장로교 통합측 교회의 '관상적 예배 실천 확장 사례'를 통해 살펴보면, 이 교회는 2021년부터 예배 개편을 추진하면서 말씀의 내면화와 회중의 내적 참여 강화를 목표로 '침묵과 묵상'을 포함한 관상적 예배 실험을 시작했다. 기존의 예배가 설교 중심의 일방적 전달 방식에 머무른다는 자각에서 출발하여, 회중의 영적 갈급함을 충족할 수 있는 예배 리듬을 시도하게 된 것이다. 그 구성 요소로 예배 순서는 아래와 같이 조정되었다.

예배 순서 항목	관상적 요소 | 통합 교단 예시
입례 전 기도	조용한 오르간 반주 아래 1분 침묵 안내
말씀 봉독 전	"말씀이 임하심을 준비하는 침묵" 2분
설교 후	"응답의 묵상"으로 2~3분 침묵
대표 기도 시작 전	"자신의 마음에서 올라오는 기도를 들어보는 시간" 1분
파송 전	조용한 음악과 함께 감사 기도 후 침묵 속 퇴장 유도

〈표 4-1〉 관상적 예배순서 통합 예

이 경우 회중은 처음엔 무척 어색해했고, 정적이 흐르면 인도자가 실수한 것 아닌가 걱정하는 분도 있었다. 그런데 몇 주 지나고 나자, "그 침묵의 시간에 하나님이 내게 무언가 하시는 느낌이 들었다"는 간증이 나오기 시작했다. 이후 회중들의 반응은 "설교를 그냥 듣고 끝나는 게 아니라 마음속에서 되새길 수 있는 시간이 생겼다.", "그 전엔 예배가 너무 바쁘게 느껴졌는데, 이젠 잠시 숨을 고를 수 있어서 좋다.", "말이 없으니까 오히려 더 많은 말씀이 내 안에 들어온다."라는 긍정적인 피드백이 들려오기 시작했다. 이 사례는 말씀 중심이라는 개신교 전통을 유지하면서도 관상적 방식으로 회중의 내면을 자극하는 예배 구조를 성공적으로 적용한 경우로, 특히 도심의 분주한 삶에 지친 신자들에게 '영적 쉼'으로서의 예배 가능성을 제시하였다고 볼 수 있다.

또 다른 사례로는 성찬 예전을 관상적 차원에서 재구성한 B교회를 들 수 있다. 이 교회에서는 월 1회 거행되던 성찬을 격주 또는 매주로 확대 실시하고, 성찬 때마다 찬양대가 짧은 성가나 떼제 찬송(Taizé Chant)을 반복적으로 부르도록 했다. 교인들은 빵과 잔을 받는 동안, 이 묵상적 음악을 듣거나 따라 부르며 그리스도의 대속과 임재를 깊이 숙고했다. 또한 성찬 후에는 여유 있는 침묵 시간을 마련해, 예배자들이 마음속으로 감사와 결단을 고백하고, 내면에 찾아오시는 성령의 음성에 귀 기울이도록 이끌었다.

"성찬이 '하나님의 식탁'임을 더 크게 체감할 수 있었다."라는 교인들의 간증이 다수 보고되었으며, 특히 신앙생활에 무감각해졌던 이들이 성찬 중에 눈물을 흘리며 회개하는 경우가 늘어났다고 목회자는 증언했다. 이는 성찬의 신비가 관상적 예배 요소들과 결합될 때, 교리 교육을 넘어서는 영적 각성이 일어날 수 있음을 보여주는 구체적 사례라 할 수 있다.

성찬 순서 항목	관상적 적용
성찬 전 서곡	떼제찬송 "Jesus Remember Me"를 반복 5회
성찬 기도 전후	성가대의 짧은 성가 후 침묵 2분
성찬 참여시간	회중이 한 줄로 천천히 걸어가며 성찬 받고 조용히 자리로
성찬 후 감사기도	회중 모두 눈을 감고 3분간 묵상 유도

〈표 4-2〉 성찬 순서의 관상적 적용 예

한편, 음악과 상징을 적극 활용하여 관상적 분위기를 조성한 예배 형태도 주목할 만하다. 어떤 교회에서는 사순절 동안 강단의 조명과 색채, 배너 등을 어둡고 절제된 톤으로 꾸미고, 예배 전반에 걸쳐 부드러운 반주와 낭송 형식의 찬양을 도입했다. 교인들은 사순절의 경건한 의미와 예수 그리스도의 고난에 공감하는 과정을 시각·청각적으로 체험함으로써, "말씀을 듣고 아멘 하는" 수동적 태도에서 벗어나, 말씀과 상징이 담고 있는 신비에 스스로 빠져드는 관상적 몰입을 경험하였다고 한다. 절기 후 실시한 설문 조사에서 다수의 교인이 "예배 속에서 그리스도의 고난을 실제적·인격적으로 느낄 수 있었다."는 응답을 남긴 것은, 상징과 예배 절기가 만나 심도 있는 영적 경험을 가능케 한 대표적 예시라 볼 수 있다.

물론 이러한 관상적 예배 사례들은 각 교회가 처한 상황과 문화적 맥락에 따라 다양하게 전개되며, 모든 회중이 동일한 반응을 보이는 것도 아니다. 일각에서는 "예배가 너무 조용해지면 침묵에 불편함을 느끼는 교인이 생길 수 있다"거나, "상징에 치중하다 보면 '형상 숭배'나 '의식주의'로 흐르는 게 아니냐"는 우려도 제기할 수 있을 것이다. 그러나 이와 같은 비판적 시각은 제대로 된 교육과 균형 잡힌 신학적 해설을 제공함으로써 충분히 해소할 수 있다는 점이 여러 실제 사례를 통해 확인되고 있다. 무엇보다 교회가 "말씀 중심"이라는 개신교의 본질적 유산을 지키면서도, 관

■ 관상적 예배구성의 점검

	질문 또는 점검 항목	적용
예배 준비	침묵과 묵상의 시간이 순서에 포함되어 있는가?	☐
	침묵의 목적에 대해 회중에게 설명이 제공되는가?	☐
	예배 인도자가 침묵과 묵상 시기를 자연스럽게 유도하는가	☐
공간 구성	강단과 회중석의 조명은 너무 밝거나 과도하지 않은가?	☐
	절기나 주제에 따른 상징, 배너, 색채 등이 조화를 이루고 있는가?	☐
말씀과 설교	말씀 봉독 전후에 침묵의 시간이 포함되는가?	☐
	설교가 끝난 후 회중이 응답하는 침묵/묵상의 시간이 있는가?	☐
음악과 분위기	반복 찬양(예: 떼제 찬양)이나 묵상 음악이 포함되어 있는가?	☐
	음악이 예배의 분위기 전환에 적절히 사용되는가?	☐
기도와 응답	대표기도 전후, 회중이 스스로 기도할 시간을 갖는가?	☐
	공동기도 또는 응답기도 시 회중의 내면을 자극하는 언어가 사용되는가?	☐
성찬 예식	성찬 전후의 침묵이나 묵상이 포함되어 있는가?	☐
	성찬이 단순한 예식이 아니라 '하나님의 임재 체험'이 되도록 돕는가?	☐

〈표 4-3〉 관상적 예배구성 체크리스트

상적 요소들을 점진적·단계적으로 수용하여 회중의 영성을 풍성하게 할 수 있다는 사실이 실제 현장에서 입증되고 있는 것이다.

결국, 관상적 예배 사례들은 개신교 예배가 가진 설교 중심적 구조나 제한된 예전 활용을 보완하고, 더욱 폭넓은 영적 경험을 회중에게 제공하는 중요한 통찰을 제시한다. 특히 현대인이 처한 복잡한 사회 환경 속에서 예배가 '말씀 정보' 이상의 '영적 쉼과 만남의 공간'이 되기를 기대하는 성도들의 목소리는 점차 커지고 있다. 이러한 기대에 부응하기 위해, 교회 공동체는 침묵기도의 공식화, 성찬의 신비성 강화, 음악과 상징의 적절한 배치 등 다양한 관상적 예배 기법을 적극 모색하고 있다. 그 결과 실제 영적 성숙과 공동체 화합에 유의미한 결실을 거두고 있다는 점이 많은 사례에서 공통적으로 발견된다.

관상적 예배의 사례 분석은 특정 교회의 성공 사례를 단순 모방하기보다 저마다의 신학적 정체성과 지역적 특성을 고려해 창의적으로 변용하고 적용하는 데서 의미가 더욱 커진다. 본 논문에서 소개한 사례들 역시 단순히 "특정 교회의 예배 방식"이 아니라 예배 갱신을 희망하는 교회들이 참고할 수 있는 중요한 방향성을 제공한다. 이를 통해 개신교 예배가 가지고 있는 다양한 가능성을 재발견하고, 오늘날 회중이 갈망하는 영적 깊이와 신비를 더 온전하게 체험하는 길이 열리게 될 것이다.

1) 한국교회의 관상적 예배 실천 사례 분석

관상신학의 실제적 적용 가능성은 무엇보다도 구체적인 예배 실천 사례를 통해 검토될 수 있다. 특히 예배 구조 안에 관상적 요소를 의도적으로 도입한 교회들의 경험은 개신교 예배 갱신의 방향성과 현실적 도전 과제를 이해하는 데 중요한 통찰을 제공한다.

한국교회의 예배 분석의 사례 대상을 선정하는 데 있어서 다양한 유형

별 선택이 가능하겠지만, 두 개의 대상교회를 선정했다. 먼저는 '청파감리교회'[9]다. 교인 수 중상 정도의 규모, 예전적 예배를 지향하는 예배 순서, 그리스도 중심적 예배 지향과 방향성, 대중적 인지도 등을 고려하여 개신교 예배가 관상신학적 구조를 반영해 나가는 데 전환적 바탕이 될 수 있는 교회라는 판단이 작용했다.

예전적 예배와 관상신학의 연관성을 보면, 예전적 예배란 단순히 형식적인 예배를 의미하는 것이 아니라 교회의 신학과 공동체 정체성을 담아내는 구조화된 예배를 뜻하며, 특히 성례 중심, 반복 구조, 시간성과 감각의 통합 등 관상신학과도 긴밀히 연결되어 있다. 그 특징은, 전례의 구조(Ordo)의 명확성으로 예전적 예배는 대부분 고대 교회로부터 전승된 기본적인 예배 구조를 따른다.

일반적인 흐름은 개회(입례송, 회중 초대), 말씀의 전례(성경봉독, 설교), 응답의 전례(신앙고백, 기도, 찬송), 성찬의 전례(성찬 제정, 분병/분잔), 파송(축복과 파송 찬양)의 구조로 하나님의 말씀을 듣고, 응답하며, 은총을 받고 세상으로 나아가는 예배의 여정을 담는다. 고든 래이드롭(Gordon Lathrop)은 이를 '상호작용의 질서'라고 설명하며, "구조는 영성의 신학이 된다."고 말한다.

---

[9] 청파교회의 예배 전통은 한국 감리교회의 전통적인 예배 형식에 기반하면서도, 다음과 같은 특징을 갖는데, 김기석 목사의 영향으로 설교가 문학적이고 깊이 있는 묵상을 제공하는 것으로 평가받는다. 단순히 교리적인 내용을 전달하기보다는 삶의 경험과 연결하여 메시지를 전달하는 경향이 있다. 또한 사회의 부조리나 약자에 대한 관심을 가지고, 신앙인의 사회적 책임을 강조하는 메시지가 예배 중에 자주 선포된다. 교회의 모토처럼 '언제나 어디서나 그리스도인'을 지향하며, 비교적 개방적이고 수평적인 분위기에서 예배가 드려진다. 다양한 형태의 예배 시도하는데 전통적인 예배 외에도 열린 예배, 특별 주제 예배 등 다양한 형태의 예배를 시도한다. 특히, 코로나 19 이후 온라인 예배를 적극적으로 활용하고 있으며, 약 3.9만 명의 구독자를 보유한 청파감리교회의 유튜브. 약 1.3천 개의 동영상이 있다.

아울러, 예전적 예배는 세례와 성찬을 단지 의식이 아닌 '하나님의 임재와 은총의 실제 수단(means of grace)'으로 이해한다. 성례는 회중이 몸으로 참여하고 감각적으로 경험하는 예배 중심이며, 관상신학의 핵심 실천인 '현존의 수용(Presence-Receiving)'을 가능케 한다. 반복적인 성찬 참여를 통해 신자는 '기억(anamnesis)'과 '현재화(presence)'를 동시에 경험하게 된다.

예전적 예배는 시간성과 교회력의 준수를 반영한다. 예전적 예배는 대림절-성탄절-사순절-부활절-성령강림절-성삼위절 등 '교회력(Church Calendar)'을 따르며, 예배가 시간 속의 사건으로서 구속사의 리듬을 따라 움직이도록 구조화되어 있다.

이는 예배의 내용이 개인의 감정이 아닌 신학적 사건 중심이 되도록 하는데, 로버트 웨버{Robert Webber}는 "예전은 하나님의 행하심에 대한 기억이며, 기억을 통한 형성이다."라고 말했다.

이에 더하여, 예전적 예배에는 감각의 통합과 상징의 사용을 사용하며 향, 물, 불, 떡과 포도주, 색깔, 침묵, 제스처 등의 사용을 통해 육체와 감각을 통한 영적 참여를 지향한다. 이러한 예전적 상징은 단순한 장식이 아닌, '보이는 은총의 수단(signa visibilia)'로 작용한다. 그리고 반복성과 내면화를 통해 예배는 매주 혹은 매절기마다 반복적 형태를 띠며, 이를 통해 신앙이 내면화되고 공동체의 정체성이 형성된다. 반복 속에 변화가 일어나고, 관상적 내면성(contemplative interiority)이 형성된다.

(1) 청파감리교회의 예배 분석

주일 낮 예배 순서 (청파교회)

※ 찬양 : 384. 나의 갈 길 다 가도록

전주 ·· 반주자
임재의 기원 ······················· 입례송 ························· 다함께
예배로의 부름 ··· ○○○ 목사
▲ 경배의 찬송 ··············· 19. 찬송하는 소리 있어 ············ 다함께
▲ 공동기도 ··· 다함께

> 생명 되신 하나님, 지난 한 주간 변함없는 사랑으로 우리를 지켜주신 주님을 찬양합니다. 넓고 깊은 사랑 아래서 주님의 말씀을 마음에 새겨 아뢰오니, 옥상과 마음을 가득 채워 주십시오. 주님, 우리의 작은 믿음을 불쌍히 여겨 주시고, 슬픔과 무거운 세상의 기쁨 소식을 전하며, 분열된 세상을 연결하는 다리가 되게 해 주십시오.
>
> 주님, 차가운 날씨가 물러가고 모서리 바람이 불어옵니다. 겨울이 끝난 것 같아 마음이 기쁩니다. 소외된 우리의 이웃들에게도 봄이 오고 있는지 살피겠습니다. 냉가슴 붙들고 사는 이들을 돌아보게 해 주십시오. 바깥으로 내몰리는 사람들에게 손을 내밀며 살게해 주십시오. 예수님의 이름으로 기도드립니다. 아멘.

참회의 침묵기도 ······································· 다함께
위로의 말씀 ······················· 시 86:5 ·················· 인도자
교독문 ······················· 126. 사순절(3) ············· 다함께
영광송 ······················· 3. 성부 성자와 성령 ········ 다함께
대표기도 ·· ○○○ 장로
응답송 ··· 반주자

찬양 ·························· 149. 주 달려 죽은 십자가 ························· 다함께
성경봉독 ·················· 시편 36:5-10 ································· ○○○ 집사

"이는 하나님의 말씀입니다"
"하나님, 감사합니다."

찬 양 ························· 주는 나의 참 친구 ···························성가대
말 씀 ·················· 환히 열린 미래를 봅니다 ·················· ○○○ 목사
거둠의 기도(침묵) ··· 다함께
찬 양 ················ 317. 내주 예수 주신 사랑 (1-5절) ············· 다함께

▲ 봉 헌 ·· 다함께
▲ 봉헌기도 ·· ○○○ 목사
공동체 소식 ··· ○○○ 목사

▲ 평화의 인사 ·· 다함께
▲ 보냄의 말씀 ··다함께

　　인 도 자 : 교우 여러분, 이제 평안히 돌아가십시오. 복음의 말씀을 들었으니
　　참 자유인답게 사십시오. 세상이 어두울 수록 빛 되신 주님을 바라보십시오.
　　의로우신 주님을 따라 마음을 바르게 하고 헛된 욕망을 멀리하십시오. 우리
　　의 지향을 주님께 맞출 때, 하나님 나라의 길이 멀리 있지 않음을 믿으십시오.

　　다 함 께 : 아멘. 주님만이 나의 주인이라고 고백하면서도 세상 가운데서
　　희망을 찾고자 헤매던 지난날의 모습을 반성합니다. 온 세상에 충만한 주
　　님의 사랑을 바라보겠 습니다. 주님의 본을 따라 의로운 길을 걷겠습니다.
　　희망이 사라졌다 탄식하는 세상 앞에 주님의 환한 빛을 증거하며 살겠습
　　니다. 주님, 우리의 동행이 되어 주십시오. 아멘.

▲ 찬 양 ························ 635. 주의 기도 ···················· 다함께
▲ 축 복 ·· ○○○ 목사

청파교회의 주일예배는 예전적 예배 구조의 좋은 사례라고 볼 수 있다. '청파감리교회'의 주일예배를 관상신학적 핵심 요소로 분석하면, 침묵(Silence)의 요소로 '참회의 침묵기도', '거둠의 기도'는 예배 중 명시적으로 내면적 침잠(interior stillness)을 요청하는 구조로 구성되어 있는데, 이는 관상신학에서 가장 핵심적인 실천 방식이다. 이와 같은 요소는 토마스 키팅(Thomas Keating)과 같은 현대 관상신학자들이 강조하는 '하나님의 현존 인식(Presence of God)'을 위한 내면 공간을 열어주는 것으로 볼 수 있다.

기도와 언어(Mystical Language)통해 살펴보면, 공동기도문은 단순한 청원이 아니라 내면 탐색, 사회적 고통과 연대, 자연과의 조화 등 복합적인 주제를 담고 있음을 볼 수 있다. 이는 월터 부르그만(Walter Brueggemann)이 말하는 '상상적 기도(imaginative prayer)' 혹은 '공적 묵상(public meditation)'의 범주에 포함된다.

음악과 감각의 반복성(Repetitive Simplicity)에서는 찬송가의 선택과 찬양의 배치가 관상적 반복성(예: Taizé 스타일)에는 미치지 않지만, 고난주간의 정서적 몰입을 지향하는 곡들이 배치되어 있음을 보인다. 특히 "주는 나의 참 친구", "주 달려 죽은 십자가" 등의 곡은 감성적 몰입과 내면적 응답을 촉진하고 있다.

청파교회의 예배 가운데 으뜸인 요소는 그리스도 중심적 예배의 방향성이다.

회중이 일어서서 부르는 경배의 찬송은 설교자 및 모든 순서 담당자가 전면의 십자가를 향하여 서서 찬양하며, 회중의 대표기도 시 강단 위의 순서 담당자는 다같이 강단의 전면을 향하여 무릎 기도의 자를 통해 무릎을 꿇고 기도자의 일원으로 함께한다. 대표기도 자는 회중석 앞으로 나와 마이크를 전면을 향하여 서고, 준비된 기도문을 중심으로 전면을 바라보고 기도한다. 강단의 구조에서도 강단 의자의 배치가 회중석으로 전면을

■ '청파감리교회' 예배 순서 요약 및 구조

순서	제목	내용 요약	관상신학적 요소
1	전주	오르간 연주	침묵과 묵상으로 이끎
2	입례송	"임재의 기원" 포함	성스러움 속 침잠(沈潛)의 초대
3	예배로의 부름	목사의 소명적 선언	예배의 내면 지향적 방향 설정
4	경배의 찬송	찬(19장)모든 백성들아 그를 찬송하라(롬 5:11)	거룩하신 하나님을 찬양
5	공동기도	내면 성찰적 기도문	내면 돌아봄, 사회적 고통에 대한 감수성
6	참회의 침묵기도	명시적 침묵	전형적인 관상신학의 요소 (silence as presence)
7	위로의 말씀	시편 86:5 낭독	하나님의 자비에 대한 내적 수용
8	교독문	사순절(3) 텍스트 교독	말씀의 반복적 수용, 전례적 몰입
9	영광송	찬송가 3장(성부,성자,성령)	삼위일체의 신비에 대한 고백
10	대표기도	회중 대표 기도	개인적 참여의 확장
11	응답송	반주 음악	음악과 침묵의 경계 상태
12	찬양	"주 달려 죽은 십자가"	고난 묵상, 감각적 내면화 유도
13	성경봉독	시편 36:5-10	시편 묵상을 통한 하나님의 임재 경험
14	성가대 찬양	"주는 나의 참 친구"	신비적 연합(mystical union)의 상징화
15	설교	"환히 열린 미래를 봅니다"	희망의 신학, 내면의 비전 강조
16	거둠의기도(침묵)	침묵적 기도가 명시됨	관상신학의 핵심 구조 요소
17	찬양	찬송가 317장	감성적·영적 참여
18	봉헌/공동체 소식	예물 드림과 목회 소통	실천적 묵상의 장
19	평화의 인사	회중 상호 인사	공동체 내면화의 확장
20	보냄의 말씀	인도자-회중 간 선언 교환	예배적 관상의 세상 속 적용
21	마지막 찬양	찬송가 635장 "주기도문송"	종결의 영성적 정리
22	축복	OOO 목사	파송과 내면화의 통합

〈표 4-4〉 청파교회 주일예배 분석

향하는 것이 아니라 45도 정도를 틀어서 둥글게 모아 모두가 다 하나님께 대한 예배자임을 드러낸다.

성가대의 찬양 시 강단에 있는 예배 순서자도 다 일어서서 찬양의 드리는 성가대와 동일하게 찬양을 드리는 대상으로 서는 것을 통해 예배의 중심과 방향성을 분명하게 하는 예도 있으나, 본 교회의 경우는 회중석과 둥글게 의자 배치하여 회중과의 일체적인 동질성을 드러내고 있다. 특히, 봉헌기도 시 담임목사가 봉헌함을 헌금위원으로 받아들고 다시 전면을 향해 봉헌기도를 드리는 모습은 봉헌을 받으시는 분이 하나님이심을 드러내는 좋은 예전 순서의 사례라 할 수 있다.

(2) 한국샬렘영성훈련원의 성찬 분석

2012년에 설립된 한국샬렘영성훈련원(원장 성공회 김홍일 신부)은 에큐메니칼 단체다. 범교단적으로 운영되고 있으며 한국샬렘영성훈련원은 삼위일체 하나님의 '현존'과 '활동'에 늘 깨어있으면서 전인격적으로 응답하고자 하는 '관상적 영성'을 수련하고 양육하는 기관이다.

한국샬렘은 통성기도로 대표되는 유념적 기도가 많았던 한국교회에 잠잠하게 하나님의 임재를 구하는 무념적 기도가 보완된다면 풍성한 영성을 갖게 될 것이라고 한국샬렘 김홍일 원장은 말한다. 그는 한국교회가 생각하는 영성은 '성령운동', '제자훈련' 등에 국한돼 있다"면서 "이를 넘어 뿌리 깊은 기독교 전통인 무념적 영성훈련을 받는다면 한국교회가 새로운 영적 공동체로 세워질 것"이라고 강조했다.

이에 따라 한국샬렘영성훈련원은 주로 한국교회와 사회 안에서 관상적 영성과 삶을 확장하고, 지도력을 육성하는 것을 소명으로 받아 활동하고 있다. 한국교회와 사회 안에서 관상적 영성과 삶을 확장하고 관상적 지도력을 육성하는 것을 목표로 삼위일체 하나님의 '현존'과 '활동'에 늘 깨어 있으면서 전인격적으로 응답하는 것을 추구한다.

관상적 영성을 훈련하는 전문기관으로서 한국샬렘영성훈련원의 성찬예식 순서를 관상신학적 바탕을 통해 살펴보는 것은 로컬교회가 '보이는 말씀'으로서의 성찬예전의 회복과 균형잡힌 예배로 나아가는 데 좋은 참고가 될 것으로 본다.

(3) '한국샬렘' 관상적 성찬예전 순서

개회 종 (일어섬)

개회 찬양 (떼제 찬양 등 성찬에 집중 할 수 있는 찬양을 합니다)

개회기도
전능하신 하나님, 주께서는 모든 사람의 마음과 소원을 다 아시며, 은밀한 것이라도 모르시는 바 없사오니, 성령의 감화하심으로 우리 마음의 온갖 생각을 정결케 하시어, 주님을 진심으로 사랑하고 주님의 거룩하신 이름을 찬송케 하소서. 우리 주 예수 그리스도의 이름으로 기도합니다.

모두 함께 : 아멘

성경봉독 (앉음 / 봉독 사이에 침묵 묵상)

(시편, 구약, 복음서, 서신서 등의 성경을 적절하게 읽습니다.)

침묵

중보기도
하나님께서 우리를 통하여 기도하시도록 이제 손을 펴고 침묵으로 기도합시다.
먼저 세상을 위하여 기도합시다. (종소리)
이제 교회를 위하여 기도합시다. (종소리)
우리 이웃과 우리 자신을 위하여 기도합시다. (종소리)

죄의고백

성도 여러분, 우리는 이 거룩한 성찬예배를 합당하게 드리기 위하여 서로 화목하며 겸손한 마음으로 자신을 돌아보며 하나님께 회개의 기도를 드립시다.
(종소리에 맞추어 손으로 가슴을 세 번 치며 회개한다)

용서의 선언

진실로 죄를 고백하는 모든 사람을 용서하시는 하나님께서 우리들을 불쌍히 여기시어 예수 그리스도의 공로로 모든 죄를 용서하시고 선을 행할 힘을 주시어 영원한 생명을 얻게 하소서.

모두 함께 : 아멘

평화의 인사 (일어섬)

우리들은 다함께 그리스도의 몸을 이루고 있으며 각 사람은 그 지체입니다. 그리스도께서는 자신을 희생하여 평화를 이룩하셨으니 우리는 하나님 안에서 하나가 됩시다.
(옆 사람의 손을 감싸고 그 안에 계신 하나님께 고개 숙여 인사합니다)

성찬기도

Holy 챤트

성찬 제정의 말씀 : (모두 빵과 포도주를 향하여 오른 손을 뻗는다)

우리는 지금 주님께서 고난 당하시기 전날 밤의 거룩한 식탁을 함께 나눕니다.
주님께서 말씀하셨습니다.
"이것은 너희를 위하여 주는 내 몸이다."
"이것은 너희를 위해 흘리는 새로운 언약의 내 피다."

성령임재의 기도 : 우리에게 선물로 주신 이 빵과 포도주를 성령으로 거룩하게 하소서.

모두 함께 : 아멘

주기도문 (뉴질랜드 교회 기도서)

생명을 주시고 고통을 참으시며 사랑을 이루시는 영원하신 영지금 계시고 앞으로도 계실 모든 것의 근원이시며 우리 모두의 아버지요 어머니이신 사랑의 하나님, 하늘이 당신 안에 있나이다.

주님의 이름이 거룩히 빛나시어 우주에 가득 메아리치게 하시고
주님 공의의 길을 온 세상 사람들이 따르게 하시며
지금 받은 모든 것이 하늘의 뜻을 이루게 하소서.
오늘 우리에게 필요한 양식으로 우리를 먹이시고
우리가 서로에게 상처 입힌 것을 용서하소서.
유혹과 시험이 다가왔을 때 힘을 주시고,
감당하기 어려운 시련일랑 피하게 하시며
무엇이든 악한 것에 매이지 않도록 우리를 건져주소서.

주님은 사랑의 권능과 영광 안에 이제와 영원토록 다스리시나이다.
아멘.

아남네시스(성찬의 떡을 뗌) : 침묵

분병/분잔:
이제 주님께서 우리에게 주신 생명의 빵과 구원의 잔을 받읍시다. 그리고 조용히 존경하는 마음으로 옆 사람에게 전달하며 그리스도의 현존을 소망합시다.

감사기도: (성찬을 받은 후 앉아서 조용히 하나님께 감사의 기도를 드린다)

축복 (일어섬)
여기 모든 이에게 축복을 빌며, 옆 사람의 손을 잡고 함께 손을 듭시다. 이제 하나님께 손을 들어 그분의 사랑의 현존을 찬양합시다.
하나님의 무한하신 평화가 우리들과 함께 하시어, 우리 주 예수 그리스도 안에 항상 머무르게 하시고 전능하신 하나님, 성부와 성자와 성령이시여, 우리들 모두를 축복하소서.

모두 함께 : 아멘

마감찬양 : 오 주를 찬미하나이다.

한국샬렘의 성찬예식 순서를 살펴보면, 먼저 침묵(Silence)과 감각의 정화를 들 수 있다. 이 예전적 순서는 '침묵'을 하나의 독립된 전례 요소로 삼고 있으며, 성경봉독 사이, 중보기도, 아남네시스(떡을 뗌), 성찬 후 감사기도 등에서 명확한 침묵의 구조적 배치가 이루어져 있다. 침묵은 단순한 쉼이 아니라 하나님의 임재를 기다리는 관상의 공간으로 기능함을 보여준다.

다음은 '몸짓과 상징(Movement and Symbol)'을 살펴볼 수 있는데 종소리, 손뻗기, 가슴 치기, 손을 감싸기, 손을 들기 등의 전례적 몸짓이 다양하게 포함되어 있다. 이는 동방교회 전통이나 Benedictine 관상적 전례에서 사용하는 감각을 통한 몰입 수단과 유사함을 알 수 있다. 이 몸짓들은 '완전한 참여(full-bodied participa-tion)'를 통한 영적 내면화를 도모한다고 하겠다.

또한, 반복성과 음악(Chant, Simplicity)의 사용이다. 떼제 찬양 및 챤트는 관상기도의 대표적 음악 형식으로, '언어적 단순성 + 멜로디 반복'을 통해 회중의 내면을 집중시키고 있다. 이는 떼제 영성(Taizé Spirituality)에서 나타나는 음악적 묵상(musical contemplation)과 동일한 방식이라 할 수 있다.

공간과 행위의 통전성(Contemplative Liturgy as Whole)의 관점에서 보면, 이 예식은 단순히 '관상적 분위기'를 내는 것이 아니라 예배 전체가 '관상적 흐름(Flow)'에 따라 구성되었음을 나타내 준다. 예전의 각 순서가 침묵 → 말씀 → 몸짓 → 응답의 순환 구조를 따라 내면에 침잠하게 하며, 하나님의 임재에 대한 감각적 예전을 유도한다.

이러한 예전에 대한 신학적 의의 및 현대적 함의로 볼 때 이 예식은 관상을 단지 개인의 내면 수행이 아니라 공동체가 함께 하나님 앞에 침묵하고 존재하는 행위로 재정의하고 있음을 드러낸다. 포스트모던의 세속시대의 예전 언어에 피로를 느끼는 현대 예배자에게, 이러한 감각 중심·침묵 중심의 성찬 예전은 신적 체험의 통로로 기능할 수 있음을 보여준다.

즉, 몸-말씀-성령의 통합 등 예전적 요소는 전인적 예배, 즉 몸짓, 언어, 침묵, 감정, 감각이 성령 안에서 통합되는 관상적 리듬을 보여준다.

2) 미국교회의 관상적 예배 실천 사례 분석

미국에서는 보다 체계적이고 신학적으로 준비된 관상적 예배 모델들이 다양한 교단과 공동체에서 실험되어 왔다. 특히 떼제 공동체의 영향과 유진 피터슨(Eugene Peterson), 마르바 던(Marva Dawn), 던 샐리어스(Don E. Saliers) 등의 영성 신학자들이 관상적 예배의 필요성을 강조함으로써, 예배 갱신 운동의 일환으로 관상적 실천이 주목받기 시작했다.

한 감리교회에서는 주일예배에서 성찬을 중심에 두고 이를 관상적 형식으로 재해석했다. 성찬 전후에 짧은 성가와 침묵이 반복되었고, 성찬 참여자는 떼제 찬송을 들으며 천천히 앞으로 나아가 성찬을 받았다. 성찬 후 예배자는 2~3분 간 자리에 앉아 눈을 감고 묵상하는 시간을 가졌다. 목회자는 회중에게 '하나님의 식탁에 머무는 경험'을 안내하였으며, 많은 신자들이 이 시간을 통해 그리스도의 임재를 새롭게 경험했다고 고백했다.

또 다른 사례로는, 미국 중서부 지역의 한 루터교회에서 사순절 기간 동안 '예배 안의 렉시오 디비나'를 도입한 경우다. 예배에서 복음서 본문을 낭독한 후, 회중은 '그 장면 안에 자신을 위치시키고 예수님의 말씀을 듣는' 상상적 묵상을 실천하도록 초대받았다. 그후, 각자 마음속에서 떠오른 기도를 침묵 속에 하나님께 드리는 시간이 이어졌다. 이 실천은 단지 예배 중 하나의 프로그램이 아니라 회중이 말씀과의 인격적 관계를 통해 성령의 인도하심에 응답하는 참여적 예배의 핵심 요소로 자리매김했다.

단 샐리어스는 이러한 침묵과 묵상의 예배적 전환을 "음악이 음표 사이의 공간을 중요시하듯, 예배도 침묵의 공간을 존중해야 한다"고 강조했다. 이는 관상적 예배가 단순한 정서적 몰입이 아니라 성령의 미묘한 역사를 위한 영적 여백의 공간을 만드는 것임을 보여준다.

Grace Community Church는 예전적 전통을 존중하면서도 현대적 감성을 수용하는 복합적 개혁교회이다. 특히 매주 주일 저녁에는 'Contemplative Vespers'를 드리는데, 이는 성서 중심, 침묵, 촛불, 성가, 렉시오 디비나 등을 포함한 예배로 구성된다.

(1) 그레이스 커뮤니티 처치의 주일 저녁 예배 분석
(Grace Community Church, Asheville, NC)

Grace Community Church는 미국 장로교(PCUSA)의 개혁주의 전통 위에 세워진 공동체로, 성경 중심의 설교와 예전적 순서를 유지하면서도, 깊은 영성 형성을 위한 예배 갱신을 실천해온 교회이다. 특히 매주 주일 저녁에 드려지는 Contemplative Vespers 예배는 관상신학의 원리를 적극 반영한 예배 형태로 주목받고 있다. 이 예배는 단순한 정서적 묵상이 아닌 침묵과 렉시오 디비나, 반복적인 찬송, 촛불 예식 등 고대 교회의 관상적 전통을 현대적으로 재해석, 구성되어 있다.

예배는 조용한 오르간 선율로 시작되며, 이어지는 예배로의 부름(Call to Worship)에서는 시편 구절을 천천히 낭독함으로써 회중이 말씀 안으로 들어갈 수 있도록 돕는다. 그 후 약 2분간의 침묵이 이어지며, 이는 예배자가 외부의 소음과 내면의 분주함에서 벗어나 하나님의 임재를 향해 집중하는 시간으로 기능한다.

말씀의 전례에서는 복음서 본문이 천천히 낭독되고, 목회자는 회중에게 '본문 속에 자신을 위치시키고' 주님의 음성을 듣는 상상적 묵상을 유도한다. 이는 렉시오 디비나의 전통을 그대로 반영한 실천이다. 말씀 묵상 후 다시 한 번 침묵이 주어지며, 이 시간 동안 회중은 들은 말씀에 대한 내면의 응답을 침묵 가운데 드린다.

■ 주일 저녁 'Contemplative Vespers' 예배

순서	제목	내용	관상신학적 요소
1	Prelude	오르간/피아노 또는 현악기 선율	감각적 침잠 유도
2	Call to Worship	시편의 구절 낭독	말씀이 부르는 고요한 초대
3	Silence	2분 침묵	하나님 현존 인식 공간
4	Hymn	간결한 찬송가	반복적 단순성, 감성 자극
5	Scripture Reading (Lectio)	복음서 본문 낭독, 3단계 렉시오 디비나	상상적 묵상 및 응답의 시간
6	Silence	3분 침묵	말씀 안에 거하는 관상적 체류
7	Candle Lighting Prayer	촛불 점화하며 드리는 공동 기도	상징과 몸짓을 통한 몰입
8	Sung Response	"Jesus, Remember Me" 반복 노래	떼제 스타일, 감각의 반복성
9	Closing Blessing	공동체 축복과 고요한 파송	예배의 내면화를 삶으로 이끄는 구조

〈표 4-5〉 미 그레이스 커뮤니티 처치 주일예배 분석

    예배의 중반부에는 촛불 점화와 함께 공동 기도가 이루어진다. 이는 단순한 상징 행위가 아니라 빛으로 임하시는 하나님의 현존을 감각적으로 체험하게 하는 행위이며, 회중은 고요히 손을 들어 촛불을 바라보며 기도에 참여한다. 이후 떼제 스타일의 반복적인 찬양곡(예: Jesus, Remember Me)이 불려지며, 회중은 자연스럽게 멜로디 안으로 들어가 내면의 응답을 감각적으로 표현하게 된다.

    Grace Church의 Contemplative Vespers는 전체적으로 고요한 흐름 속에서 말씀, 침묵, 기도, 찬양이 유기적으로 연결되는 데, 이는 곧 '예배 자체가 하나의 관상적 여정'이 되도록 구조화된 것을 의미한다. 이 예배는 단순히 감성적인 몰입을 유도하는 예배가 아니라 관상신학의 핵심인 '하나님의 현존 안에 거함(presence dwelling)'을 공동체 전체가 함께 경험하는

신학적 구조로 설계되었다.

특히 이 예배는 예전적 예배의 특징 중 하나인 반복성과 전례적 감각의 통합(sensory integration)을 잘 보여준다. 침묵과 찬양, 말씀과 기도가 일정한 패턴으로 반복되며, 회중은 점차 깊은 내면의 참여로 이끌린다. 이는 관상신학이 강조하는 "침묵 속에서 들리는 하나님의 말씀", 그리고 "감각을 통해 경험되는 은총"이라는 관점을 현대 예배 구조 안에 통합한 사례로 해석될 수 있다.

'그레이스 커뮤니티 처치'의 주일예배를 관상신학적 요소로 분석해보면, 특히 눈에 띄는 부분은 침묵(Silence)의 순서이다. 여러 구간에서 침묵은 명시적 요소로 예배자들이 하나님의 임재를 드러내는 공간을 제공하고 있음을 알 수 있다. 아울러 상징(Sensory Symbolism)의 사용을 볼 수 있는데 촛불, 간결한 공간, 원형 좌석배치 등은 시각적 고요함과 내면적 집중을 유도한다. 말씀과 기도(Mystical Scripture)에서는 렉시오 디비나를 통해 예배자가 '성경의 장면 안에 들어가' 예수의 말씀을 직접 듣는 체험 유도하고 있다.

이 교회의 '관상적 예배'는 예전성과 개혁주의 전통을 유지하면서도, 내면의 영성을 회복하는 데 집중함. 특히 '고요한 말씀이 부르는 예배'라는 개념은 현대의 소음 가득한 예배와 대조되는 중요한 전환점으로 볼 수 있다.

(2) 세인트 그레고리 오브 니사 성공회 교회 성찬예전 분석
(St. Gregory of Nyssa Episcopal Church, San Francisco, CA)

'세인트 그레고리(St. Gregory) 오브 니사 교회'는 교단적 배경이 성공회(Episcopal)지만 성례 중심의 고대 교회 전통과 관상신학을 적극 수용한 공동체로, 성찬을 '관상적 사건'으로 설계하고 있는 부분이 특징적이다. 특히, 전통적인 전례와 급진적인 포용성, 깊은 신비주의 영성을 결합한 교회로 알려져 있다. 매 주일 성찬은 '관상적 전례'의 형식을 갖추며, 회중은 동그란 원형으로 둘러서서 '춤추는 듯한 걸음'으로 성찬에 참여한다.

이 교회는 미국 성공회(Anglican/Episcopal) 전통에 속하면서도, 고대 교회의 신비주의적 영성과 예전을 현대 도시 공동체에 맞게 창조적으로 구현한 예배 공동체로 알려져 있다. 이 교회의 성찬 예전은 단순한 전례 재현이 아니라 하나님의 현존 가운데 참여하는 '관상적 사건(contemplative event)'으로 성찬을 인식하고 실천하는 대표적 사례이다. 예배공간은 동양과 서양 그리고 아프리카에 이르는 이국적인 문화로 정렬되어 있고 회중들은 예배의 음악과 춤을 통해 문화적 다양성을 경험하게 된다. 이 교회 예전의 특색은 문화는 다양하지만 한 분 하나님을 예배하고 있다는 메시지를 강하게 지니고 있다.

성찬 예배는 회중이 고요히 예배당에 모여드는 것으로 시작된다. 전통적인 성찬 서론이나 교독 없이, 회중은 침묵 속에 음악을 들으며 자연스럽게 예배의 흐름 안으로 들어간다. 예배 인도자는 짧고 환대에 찬 언어로 회중을 하나님의 식탁으로 초대하며, 이 초대는 "당신이 누구든지, 여기에 환영받습니다"라는 선언으로 공동체적 친밀감과 포용을 형성한다.

성찬기도(Eucharistic Prayer)에서는 고대 교회 문구를 사용하여 시간성(time)과 반복성(repetition)을 통합한다. 이 기도는 과거의 구속 사건을 '기억(anamnesis)'하고, 현재 속에 그 임재를 불러들이는 '현재화(presence)'의 신학을 바탕으로 한다. 특히 '떡을 떼는 순간' 이후에는 공동체 전체가 2~3분간 침묵에 들어간다. 이 침묵은 단순한 정서적 여백이 아니라 성찬이라는 신적 사건에 대한 깊은 응답의 공간으로 기능하며, 회중은 각자의 자리에서 눈을 감고 하나님의 은혜에 내면적으로 머무는 시간으로 사용된다.

성찬 참여는 '개별 분병' 방식이 아닌, 회중이 둥글게 원을 그리며 움직이는 '순환 참여'(circular procession)의 형태로 진행된다. 이는 고대 교회에서 사용된 신비주의적 몸짓의 현대적 회복으로 볼 수 있으며, 몸의 움직임과 영적 참여가 하나로 통합된다는 점에서 '전인적 예배'의 구현이라고 할 수 있다.

성찬 후에는 감미로운 음악 없이, 깊은 침묵이 다시 이어지며, 회중은 하나님과의 만남의 여운을 간직한 채 예배를 마무리한다. 마지막 축복은 공동체가 서로의 손을 잡고 함께 고개를 숙이며 드리는 방식으로, 이는 회중 전체가 '관상적 식탁의 친교'를 이룬 공동체로 파송됨을 의미한다.

St. Gregory 교회의 성찬예식은 예전의 각 요소가 관상신학의 흐름과 일치되어 있다는 점에서 주목할 만하다. 침묵, 상징적 몸짓, 반복적 음악, 원형 배치 등의 요소는 단순히 분위기를 위한 장치가 아니라 하나님의 임재 안에 '존재하는' 공동체적 체험을 유도하는 예전적 구조로 작용한다.

세인트 그레고리(St. Gregory) 오브 니사 교회의 성찬전례를 관상신학적 해석을 통해 살펴보면, 먼저 침묵과 성례의 만남으로 성찬 전후 침묵이 예전의 핵심 흐름으로 배치되어 있음을 볼수 있다. 몸과 공간의 상징성 측면에서 둥글게 움직이는 회중은 '천상적 무용'의 개념과 맞닿아 있음 (cf. Gregory of Nyssa의 신비주의)을 보여준다. 예전 안에 음악의 반복성은, 간결한 떼제 스타일의 반복 노래는 회중을 이성적 집중보다 감각적 몰입으로 인도한다.

성찬은 단지 의례가 아니라 '침묵 속에서 임재를 받아들이는 영적 식탁'이라는 점에서 관상신학의 정수로 볼 수 있다. 이 예전은 성찬이 단지 참여 행위가 아니라 내면의 하나님의 현존을 체화하는 실천임을 시사한다.

이상과 같은 두 교회의 사례는 미국 교회 내에서 예배와 성찬의 '관상신학적 전환'이 실천 가능한 모델로 구현되고 있음을 보여준다. Grace Community Church는 개혁주의 전통 안에서도 예전성과 침묵, 렉시오 디비나, 반복적 찬양을 통합하여 관상적 예배의 구조를 형성하였으며, St. Gregory Church는 성찬을 단순한 교리적 재현이 아닌 신비적 참여의 사건으로 재구성함으로써, 신학과 몸, 말씀이 통합된 예배를 구현하고 있다. 이는 한국교회가 관상신학을 적용할 때 신학적 재해석과 예전의 재구성이 병행되어야 함을 시사한다. 또한 침묵과 감각의 요소가 공동체 예배 안에 자연스럽게 통합될 수 있음을 증명하는 사례라고 할 수 있다.

 관상신학이 공예배에 적용되기 위한 조건을 살펴보면, 먼저, 예전의 구조화와 신학적 명료성을 들을 수 있다. 관상신학은 내면의 영적 여정을 강조하지만, 공예배에서는 명확한 전례적 구조 안에서 이루어져야 지속 가능하다. 청파교회와 Grace Church는 전통적인 예배 순서를 유지하면서도 침묵과 반복, 렉시오 등의 요소를 적절히 통합했다. 이는 '형식 없는 관상'이 아닌, 질서 있는 영적 흐름이 중요함을 보여준다.

 다음은 침묵과 감각의 통합이다. 침묵은 관상신학의 핵심이자, 공예배 속에서 말씀과 은총의 '공간'을 열어주는 매개로 기능한다. 한국의 샬렘

■ 세인트 그레고리(St. Gregory) 오브 니사 교회의 관상적 성찬전례

순서	제목	내용	관상신학적 요소
1	Gather in Silence	회중이 조용히 모이고, 조용한 음악이 흐름	성찬 시작 전 내면 집중
2	Invitation	집례자가 환대의 언어로 성찬에 초대	하나님의 초대에 대한 응답
3	Eucharistic Chant	단순한 멜로디의 반복 노래	떼제 스타일의 음악적 관상
4	Prayers of the People	침묵을 동반한 중보기도	공동체 전체의 '함께 침묵'
5	Eucharistic Prayer	예식서의 성찬 기도	시간성, 반복성, 상징성 강화
6	Fraction & Silence	빵을 때는 순간 이후 2~3분간 침묵	아남네시스 → 관상의 고요
7	Communion Procession	회중이 성찬대 없이 자유롭게 순환	몸의 움직임과 영성의 일치
8	Post-Communion Silence	성찬 후 공동 침묵	은혜에 머무는 내면의 시간
9	Final Blessing	공동체 축복	파송 전 감성적 정리

〈표 4-6〉 니사 그레고리 처치의 성찬 전례 분석

■ 관상신학의 공예배 적용에 대한 비교 분석 및 신학적 시사점

항 목	한국 청파감리교회	미국 Grace Community Church	한국 샬렘영성 훈련원	미국 St. Gregory Church
교단/성격	감리교, 예전과 설교 중심	장로교(PCUSA), 개혁주의 기반	초교파 영성 훈련 기관	성공회, 고대 교회 신비주의 수용
예배 형식	전통 예전 + 묵상/침묵	Contemplative Vespers (고요한 저녁 예배)	성찬 중심, 감각-침묵 통합	성찬 중심, 원형 구조, 전례적 신비 강조
관상 요소	침묵기도, 고백적 언어, 감성 찬송	침묵, 렉시오 디비나, 반복 찬양, 촛불	침묵, 몸짓, 찬트, 상징물	침묵, 몸의 참여, 상징행위, 반복성
주요 강조점	그리스도 중심, 삶과 연결된 묵상	말씀과 내면 응답의 흐름	영적 훈련과 공동체적 침묵	성례의 '임재' 체험과 감각적 참여
공간 구성	강단 중심, 약간의 변화	조명, 촛불 등 간소한 구성	전통적 전례 공간	원형 이동, 자유로운 흐름
음악 사용	전통 찬송 위주	단순한 찬송 반복 (Taizé 유사)	찬트 중심	성찬 중 음악 최소화, 후 침묵 강조

〈표 4-7〉 예시된 4교회에 대한 관상신학적 비교분석

예식과 St. Gregory 교회 성찬은 감각(빛, 움직임, 음악, 손짓 등)과 침묵의 융합을 통해 예배의 내면화를 가능하게 한다. 이는 오늘날 언어 과잉의 예배 문법을 넘어서는 전환적 상상력을 요구한다.

또한 공동체적 체험으로서의 관상을 말할 수 있는데, 관상은 본래 개인 수행의 이미지가 강하지만, 공예배에서는 공동체가 함께 침묵하고 응답하는 리듬이 필요하다.

네 교회 모두에서 회중 전체가 참여자(active participant)가 되는 구조가 형성되어 있다. 특히 회중이 함께 침묵하는 시간은 공예배 안에서 관상을 공동체의 실천으로 정착시키는 중요한 기반이 된다.

다음은, 교회력과 시간성의 회복이다. 관상적 예배는 순간의 감정보다 하나님의 시간에 들어가는 훈련이며, 이는 교회력의 흐름과 긴밀히 연결된다. 청파교회와 St. Gregory는 모두 교회력에 따라 예배를 구성하는

데, 이는 예배가 신학적 사건 안에 있다는 자각을 제공한다.

이에 더해, 반복과 내면화가 필요하다. 관상신학은 일회성 체험보다 반복 속의 형성을 중시한다. 떼제 스타일의 반복적 찬양, 매주 성찬 반복, 매일의 렉시오는 회중 안에 관상적 내면성을 길러낸다. 이는 곧 "반복 속에 변화가 일어난다"는 고전적 영성훈련의 원리와 연결된다.

이와 같은 사례가 현대 예배 갱신에 주는 시사점이 있다. 세속성과 속도성에 지친 현대 예배자들은 '조용히 하나님 앞에 존재하는 예배'를 갈망하고 있으며, 관상신학은 이러한 시대적 요청에 응답할 수 있는 가능성을 보여준다. 예전의 회복, 침묵의 공간, 감각의 통합, 공동체적 침묵, 이 모든 것이 공예배 안에 자연스럽게 들어오려면 단순한 형식의 모방이 아닌 신학적 성찰과 예배자 형성의 비전이 병행되어야 한다.

관상신학은 공예배를 '경청의 공간', '참여의 자리', '성령의 흐름'으로 재정의할 수 있는 가능성을 제공하며, 예배의 언어를 보다 깊이 있는 영적 체험의 언어로 전환시키는 실천적 신학으로 자리매김 할 수 있게 한다.

이처럼 관상신학은 '느림과 침묵'을 통해 교회 예배에 깊이를 더할 수 있다. 교회가 단지 '말씀 전달의 장'에서 '하나님의 임재에 머무는 자리'로 변화하려면, 관상신학의 실천적 적용은 더 이상 선택이 아니라 예배 갱신의 필수적인 방향이 된다. 한국과 미국의 사례는 각각의 맥락에서 공예배의 언어와 구조를 관상적으로 재구성할 수 있는 가능성과 실제적 실천의 틀을 제공해준다.

설교와 성례전에서의 관상적 접근

2

관상신학은 개신교 예배에서 설교와 성례전을 단순한 교리적 전달이 아닌 신비적 체험의 영역으로 확장하는 것을 목표로 한다. 개신교 예배의 핵심 요소인 설교는 전통적으로 말씀의 선포와 교리적 교육에 초점을 맞추어 왔다. 그러나 이성적 이해에 치중한 설교 방식은 회중의 내면적 성찰과 영적 경험을 제한할 수 있다. 따라서 설교의 형태를 변화시켜 묵상적 접근을 강화하고, 침묵과 영적 성찰의 시간을 제공하는 것이 필요하다.

관상적 설교는 회중이 하나님의 말씀을 단순히 듣는 것이 아니라 내적으로 받아들이고 깊이 체험할 수 있도록 유도하는 방식이다. 이를 위해서는 설교 전후에 침묵의 시간을 마련하고, 회중이 성령의 인도를 따라 스스로 말씀을 내면화할 수 있도록 해야 한다. 예를 들어, 성 아우구스티누스(Augustine)는 설교를 단순한 교훈이 아닌 신비적 깨달음의 과정으로 보았다. 그는 청중이 말씀을 통해 하나님과 직접적인 관계를 맺고, 내적 변화를 경험해야 한다고 강조했다. 또한, 개혁주의 신학자 존 오웬(John Owen)은 성령의 조명하심 없이 설교를 듣는 것은 영적 유익이 없음을 경고하며, 성령 안에서 말씀을 깊이 묵상할 것을 강조했다. 이러한 관점은 오늘날의 개신교 예배에서도 회중이 단순히 말씀을 듣는 것이 아니라 침묵과 묵상을 통해 설교의 메시지를 영적으로 체험할 필요성을 강조한다.

성례전은 개신교 예배에서 하나님과의 만남을 경험하는 중요한 요소로, 단순한 형식적 기념이 아닌 신비적 참여의 장이 될 수 있다. 성찬은 특별히 신비적 실재를 체험하는 순간이며, 이를 통해 성도들은 그리스도의 임재를 경험할 수 있다.

성찬은 단순한 상징이 아니라 하나님과 신비적으로 교제하는 수단으로 이해될 수 있다. 교부 성 치릴로스(Cyril of Jerusalem)는 성찬을 통해 신자가 신비적으로 그리스도의 몸과 피에 참여한다고 주장했다. 개신교 전통에서도 칼뱅은 성찬을 단순한 기념이 아니라 성령의 도우심으로 신자들이 그리스도와 신비적으로 연합하는 자리로 이해했다.

세례는 신앙 공동체 안에서 개인이 하나님과 새로운 관계를 맺는 중요한 순간이다. 알렉산더 슈메만(Alexander Schmemann)은 세례를 단순한 물리적 행위가 아니라 신자가 새로운 정체성을 부여받고 하나님과의 연합을 경험하는 신비적 사건으로 보았다.

현대 개신교 예배에서의 성례전적 접근을 살펴보면, 현대 개신교 예배에서는 성례전이 단순한 기념적 의미로 축소되는 경우가 많다. 하지만 관상신학적 접근은 성례전이 하나님의 신비한 임재를 경험하는 순간이 되도록 강조한다. 예를 들어, 성찬 전후에 충분한 묵상의 시간을 제공하고, 성찬 후에는 성도들이 감사와 내적 성찰의 시간을 가질 수 있도록 유도하는 데 유익해 보인다.

따라서, 설교와 성례전에서의 관상적 접근은 개신교 예배를 보다 깊은 영적 경험으로 전환시키는 데 중요한 역할을 한다. 설교에서 회중이 침묵과 묵상을 통해 하나님의 말씀을 체험하도록 하고, 성례전에서 신비적 참여를 강조함으로써, 예배는 단순한 정보 전달의 장이 아니라 하나님과의 깊은 만남의 순간이 될 수 있다. 이러한 관상적 접근은 개신교 신학 전통 안에서도 충분히 조화를 이룰 수 있으며, 현대 개신교 예배 갱신을 위한 중요한 방향성을 제공할 수 있다.

1__침묵과 묵상, 상징적 요소의 재발견

오늘날 개신교 예배는 말과 정보, 설교 중심의 구조에 익숙해져 있으며, 이로 인해 침묵과 상징, 감각의 요소는 종종 주변화되어 왔다. 그러나 관상신학은 이러한 예배의 '과잉된 언어성'을 성찰하고, 침묵(silence), 내면 묵상(contemplation), 상징(symbol)이라는 고대 교회의 영성 요소들을 다시 회복할 필요성을 제기한다. 이는 예배를 하나님과의 존재적 만남의 장으로 다시 구조화하려는 신학적 움직임이기도 하다.

침묵은 단지 소리를 제거하는 행위가 아니라 "하나님께서 말씀하시는 공간을 여는 신비적 실천"이다. 토마스 키팅은 침묵을 "하나님의 임재를 환대하는 내면의 공간"이라 부르며, 관상기도의 시작점이자 예배의 중심 요소로 이해했다. 침묵은 예배자 각자가 하나님의 음성을 직접 들을 수 있는 '영적 감수성(spiritual receptivity)'을 회복하게 하며, 이는 공동체 전체가 존재로서 예배드리는 태도를 가능케 한다.

또한 묵상과 상징의 회복은 예배를 전인격적 참여로 확장시키는 중요한 통로이다. 고대 교회는 향, 빛, 물, 떡과 잔, 색상, 제스처 등의 상징을 통해 하나님의 은혜를 '보이는 은총의 방식(signa visibilia)'으로 체험하도록 이끌었다. Marva J. Dawn은 현대 예배가 "감각과 상징을 제거함으로써 예배자들의 영적 몰입 능력을 약화시키고 있다"고 지적하며, 상징의 회복을 통한 몸과 감각의 참여적 예배를 강조했다.

특히, 떼제 전통이나 성찬 전 침묵, 촛불 예식, 손을 모으는 기도 자세 등은 모두 관상적 실천의 요소들로, 단순히 분위기를 조성하는 것이 아니라 하나님의 현존에 대한 '상징적 응답'으로 기능한다. 이처럼 침묵, 상징, 묵상은 단지 예전의 미학이 아니라 영혼의 감각을 깨우는 신학적 장치이며, 예배 안에서 하나님의 임재를 수용하는 실질적 통로가 된다.

따라서 한국 개신교 예배의 갱신을 위해서는 이러한 관상적 요소들의 회복이 필요하며, 이는 예배를 단순한 전달의 행위가 아닌 '하나님의 신비에 참여하는 공간'으로 재구성하는 토대를 제공할 것이다.

2 ___ 성찬에서의 신비 체험과 영적 참여

한국 개신교 예배에서 성례전, 특히 성찬은 종종 상징적 차원에 머물거나, 설교 중심 구조의 부속적 요소로 인식되어 상대적으로 그 신학적 깊이와 실천적 비중이 낮게 평가되어 왔다. 그러나 관상신학의 관점에서 성찬은 단지 과거 사건을 기념하는 '상징적 의례'가 아니라 하나님의 현존을 현재적으로 체험하는 신비적 통로로 여겨진다. 이러한 접근은 성찬을 은총의 수단(means of grace)으로 이해하는 고대 교회 및 개혁교회 전통과도 맞닿아 있으며, 특히 관상신학은 성찬에서의 영적 참여를 강조한다.

로버트 웨버는 "성찬은 단순한 기념이 아니라 하나님의 구속 사건이 오늘 이 자리에서 우리 가운데 실재하는 신비적 사건"이며, 성찬을 통해 예배자는 하나님의 구원 역사에 '현재적으로 참여'한다고 설명한다. 이에 따라 성찬의 실제 집례는 단순한 절차가 아니라 회중이 하나님과의 연합(union)을 감각적으로 경험하는 자리가 되어야 한다.

관상신학적 예배 실천에서는 성찬 직후에 짧은 침묵의 시간을 두어 회중이 자신이 경험한 하나님의 임재를 내면에서 되새기고, 성령의 인도하심에 조용히 응답하도록 돕는다. 이는 토마스 머튼이 말한 바, "침묵은 영혼이 하나님 앞에 머무는 공간"이라는 원리와도 깊이 연결되어 있다. 이러한 침묵은 단지 정적 상태가 아닌, 성령의 역사에 귀 기울이는 관상적 응답의 시간이 된다.

또한 성찬 전후에 떼제 스타일의 단순한 찬송을 반복하거나, 성찬을 받기 위해 천천히 앞으로 나아가는 '기도의 행진'을 도입함으로써, 회중은 몸과 마음, 감각 전반을 동원한 신앙의 참여를 실천하게 된다. 이와 같은 실천은 예배자에게 은혜의 수용(receptivity)이라는 영적 자세를 형성하게 하며, 성찬의 깊은 영적 체험을 내면화하는 데 크게 기여한다.

성찬에서의 관상신학적 접근은 신학적 깊이와 감각적 참여가 통합되는 예전적 갱신의 가능성을 보여준다. 이는 개혁주의 신학 내에서도 성례의 신비성과 은총의 실재를 강조하는 전통과 충돌하지 않으며, 오히려 성찬의 삶-예배-임재의 연속성을 회복하는 데 중요한 실천 모델이 될 수 있다.

3 ___ 세례 준비 과정에서의 묵상과 내적 성찰 강화

개신교 전통, 특히 한국교회에서는 세례가 종종 의례나 교리적 확인의 수단으로 간주되는 경향이 있다. 그러나 관상신학의 관점에서 세례는 단지 교회의 회원이 되는 상징적 행위를 넘어, 하나님과의 깊은 관계로 들어가는 신비적 여정의 시작으로 이해된다. 세례는 존재 전체를 하나님께

헌신하는 '삶의 회심'을 요구하는 사건이기 때문에, 그 준비 과정 역시 단순한 지적 교육을 넘어서 영적 준비와 내면 성찰의 시간을 포함해야 한다.

Robert Webber는 "세례는 단순한 외적 표식이 아니라 삶의 전환을 상징하는 예전적 사건이며, 준비 기간은 그 전환을 준비하는 '영적 훈련'이어야 한다"고 말한다. 이에 따라 세례자 교육과정에서 침묵, 묵상, 렉시오 디비나, 성찰 저널링(journaling), 공동체와의 내면 나눔 등이 도입될 수 있으며, 이는 세례를 단순한 입문이 아닌 영적 탄생의 경험으로 전환시키는 데 기여할 수 있다.

토마스 머튼 역시 "참된 회심은 외적인 변화보다도, 하나님의 임재에 귀 기울이는 내면의 침묵에서 비롯된다"고 강조하면서, 세례 전 단계에서의 묵상이 성도의 존재 전체를 하나님의 형상으로 회복시키는 중요한 과정임을 시사한다.

이러한 영성 훈련적 접근은 세례를 받는 이들뿐 아니라 교회 공동체 전체가 자신의 신앙 여정을 돌아보고 세례 공동체로서의 정체성을 재확인하는 기회가 될 수 있다.

회중의 참여적 영성을 위한 실천적 도구

3

　관상신학적 접근은 예배를 단순한 청중 중심의 형식에서 벗어나 참여적이고 내면적인 성찰을 촉진하는 방향으로 변화시킬 수 있다. 개신교 예배의 중요한 특징 중 하나는 '말씀의 예배'로서 성경 강해와 설교가 중심이 되지만, 이러한 구조는 회중의 수동성을 초래할 위험이 있다. 반면, 관상적 예배에서는 회중이 직접적으로 참여하고 깊이 내면적 성찰을 할 수 있는 요소들이 강조된다. 이러한 변화는 회중이 하나님의 임재를 더 깊이 경험하고 신앙을 실천하는 방식으로 연결될 수 있도록 한다.

　참여적 예배의 중요성은 초대교회의 공동체 예배에서부터 시작되었다. 신약성경 고린도전서 14장에서 사도 바울은 예배가 공동체적이며, 다양한 은사가 발휘되는 장이 되어야 함을 강조했다. 이러한 신학적 기초는 예배를 단순한 수동적 청취의 장이 아니라 신자들이 적극적으로 참여하는 사건으로 바라보게 한다.

중세 신비주의 전통에서도 참여적 영성이 강조되었다. 마이스터 에크하르트(Meister Eckhart)와 같은 신비주의 신학자는 기도와 묵상을 통해 신자들이 예배를 단순한 의무가 아니라 하나님과의 깊은 교제의 시간으로 여겨야 한다고 주장했다.

참여적 예배의 필요성으로 현대 개신교 예배는 종종 설교 중심으로 이루어지며, 회중의 역할은 수동적인 청취자에 머무르는 경우가 많다. 그러나 초대교회와 중세 신비주의 전통에서는 회중이 기도와 묵상, 침묵과 성례를 통해 적극적으로 참여하는 방식이 강조되었다. 오늘날 예배의 갱신을 위해서는 이러한 요소들을 회복하고, 단순히 정보를 제공하는 방식이 아니라 신자들이 예배 속에서 직접적인 영적 경험을 할 수 있도록 해야 한다.

관상신학적 접근을 통한 참여적 예배의 실천 방법으로 그 첫째는 '침묵과 묵상의 도입'이다. 관상신학에서 침묵은 하나님과의 깊은 교제를 위한 중요한 요소이다. 개신교 예배에서 침묵의 순간은 설교와 성경 봉독 후, 혹은 성찬 후에 자연스럽게 도입될 수 있다. 이러한 침묵의 시간은 예배자들이 말씀과 성례를 더욱 깊이 받아들이고 내면화하는 기회를 제공한다. 이를 통해 회중은 단순한 정보 전달이 아닌 신앙적 경험을 할 수 있다.

다음은 '공동 묵상과 기도의 실천'인데, 개신교 예배에서는 회중의 응답 기도와 찬양이 포함되지만, 보다 심화된 관상적 예배에서는 공동체적 묵상과 기도가 강조될 수 있다. 예를 들어, '렉시오 디비나'와 같은 기도 방법을 도입하여 신자들이 성경 말씀을 읽고 묵상하며 깊이 기도하는 경험을 가질 수 있도록 한다. 이러한 방식은 예배가 더 이상 설교자의 일방적인 가르침이 아니라 신자들이 말씀을 직접 체험하고 그 의미를 공동체적으로 공유하는 장이 될 수 있도록 한다.

예배 내에서의 참여적 요소 강화를 위해서는 회중이 더 적극적으로 예배에 참여할 수 있도록, 기존의 전례적 순서에 참여적 요소를 포함할 수 있다. 예를 들어, 성경 봉독을 예배인도자뿐만 아니라 회중이 함께 나누거나 회중이 간단한 응답문을 함께 낭독하는 방식이 가능하다. 또한 성찬 예식에서 회중이 적극적으로 참여할 수 있도록 묵상과 감사의 시간을 충분히 제공하는 것도 효과적이다.

아울러, 예배 후 회중의 내적 성찰 촉진을 위해 예배가 끝난 후에도 회중이 신앙을 지속적으로 성찰할 수 있도록 돕는 방안을 찾아야 한다. 예를 들어, 예배 후 공동체적 나눔의 시간을 가지거나, 예배에서 받은 말씀을 주간 동안 묵상할 수 있도록 지침을 제공하는 방식이 가능하다. 이러한 실천은 예배 경험이 일회적인 사건이 아니라 지속적인 신앙 성장의 과정이 되도록 하는 것이 필요하다.

한국교회의 예배는 종종 바쁜 일정 속에서 회중이 정서적으로 준비되지 않은 상태에서 시작된다. 따라서 예배 시작 전 5분에서 10분 동안 침묵과 묵상을 통해 하나님의 임재를 인식하는 시간을 도입할 필요가 있다. 예를 들어, 특정 찬송가를 배경으로 하여 묵상문을 제공하여서 예배자로 나아가기 위한 개인의 내적 성찰을 도모할 수 있다. 이러한 회중의 참여적 예배와 내적 성찰은 관상신학적 접근을 통해 현대 개신교 예배에 깊이 있는 영적 체험을 제공할 수 있는 중요한 요소라고 하겠다. 여기에는 회중이 단순한 예배 청취자가 아니라 하나님과의 인격적 관계 속에서 예배에 참여하고, 예배 후에도 지속해서 신앙을 성찰할 수 있도록 하는 것이 중요하다.

이러한 변화는 예배를 보다 신비적이고 영적인 경험의 장으로 전환하며, 현대 개신교 예배의 갱신에 기여할 수 있는데, 이러한 접근을 실천하기 위해서는 침묵, 묵상, 참여적 기도, 공동체적 성찰의 요소를 적극적으로 활용하는 것을 필요로 한다.

1 관상기도와 성례전의 통합적 활용

관상기도와 성례전(sacrament)의 통합적 활용은 예배 공동체 내에서 신비적 참여를 증진하는 중요한 도구이다. 개신교 예배는 종종 말씀 중심적 접근에 치우쳐 있으며, 성례전의 신비적 요소를 충분히 활용하지 않는 경우가 많다. 그러나 성례전은 하나님의 은혜를 물리적으로 경험하는 중요한 기회이며, 이를 관상기도와 결합할 때 신앙적 체험이 더욱 깊어질 수 있다.

관상기도는 단순한 중보기도나 간구의 기도 형식이 아니라 하나님의 임재를 조용히 기다리고 내면적으로 집중하는 방식으로 진행된다. 이러한 기도의 방식은 성찬과 세례와 같은 성례전에서 더욱 풍부한 의미를 부여하며, 단순한 기념이 아니라 영적현실을 경험하는 기회로 전환된다.

1) 성찬과 관상기도

한국교회는 성찬을 주로 의례적으로 진행하는 경우가 많다. 그러나 성찬 중 침묵 기도를 도입하거나 상징적 해설을 제공함으로써 참여자들이 그리스도의 임재를 더 깊이 느낄 수 있도록 해야 할 것이다. 이로써 성찬을 통해 그리스도와의 연합을 개인적으로 체험하도록 도울 수 있다. 성찬 예식은 예배 중 신자들이 가장 직접적으로 하나님과의 신비적 연합을 경험하는 순간이다.

관상기도는 성찬 전후에 내적 침묵을 제공하며, 신자들이 성찬을 통해 단순한 상징적 의미를 넘어 실제적인 영적 교제를 경험하도록 돕는다. 예를 들어, 성찬을 받기 전 2~3분간 조용히 앉아 관상기도를 하면서 예수 그리스도의 몸과 피에 대한 깊은 묵상을 하는 것이 가능하다.

2) 세례와 관상기도

세례는 기독교 신앙에서 새로운 삶의 출발을 의미하며, 이는 단순한 외적 행위가 아니라 내적인 영적 변화와 함께 이루어져야 한다. 세례를 받는 이들이 관상기도를 통해 자신의 신앙적 결단을 더 깊이 성찰할 수 있도록 돕는 것이 필요하다. 초기 기독교 전통에서는 세례 전후에 수일간 금식과 묵상의 시간을 가지며, 신앙의 본질을 더욱 깊이 이해하는 기회를 제공했다. 오늘날 예배에서도 세례 전후로 관상기도를 포함하는 것이 신앙의 깊이를 더하는 데 유익할 것이다.

2 공동체 예배에서의 관상적 순서 도입
('S.A.L.T. 모델' 제시)

한국 개신교 예배는 말씀 중심적 구조를 기본으로 하며, 설교와 찬양, 기도를 핵심 요소로 삼는다. 그러나 이러한 구조는 종종 예배의 신비적 요소를 배제하는 경향이 있으며, 이는 관상신학적 접근과 조화하는 데 어려움을 초래할 수 있다. 따라서 관상신학적 요소를 도입하면서도 기존 개신교 전통과 조화를 이루는 방안을 모색해야 한다.

관상신학적 접근은 예배를 단순한 순서의 연속이 아니라 신자들이 하나님과 더욱 친밀하게 교제할 수 있는 경험의 장으로 전환시키는 것을 목표로 한다. 이를 위해 공동체 예배에서 관상적 요소를 포함한 예배 순서를 도입하는 것이 중요하다. 침묵, 묵상, 응답 기도 등의 요소를 활용하여 회중이 단순히 예배를 '진행'하는 것이 아니라 '참여'하는 방식으로 변화할 수 있도록 돕는다.

예배 후 즉각적인 마무리보다는, 회중이 함께 응답 기도나 짧은 성찰의 시간을 가질 수 있도록 한다. 이를 통해 예배가 단순한 의무가 아니라 영적인 실재로 자리 잡을 수 있으며, 신자들이 받은 말씀과 성례의 의미를 더욱 깊이 새길 수 있다. 예를 들어, 예배가 끝난 후 자연스럽게 짝을 이루어 받은 은혜를 나누거나, 조용한 배경 음악과 함께 응답 기도를 드리는 시간을 마련하는 것도 효과적이다.

회중의 참여적 영성을 위한 실천적 도구로서 관상기도와 성례전의 통합적 활용, 그리고 공동체 예배에서의 관상적 순서 도입은 신자들이 하나님과의 깊은 영적 교제를 경험하는 데 중요한 역할을 한다. 이러한 실천은 개신교 예배를 보다 신비적이고 내면적 성찰을 촉진하는 방향으로 전환시키며, 신자들이 예배를 통해 하나님의 임재를 더욱 실제적으로 경험할 수 있도록 돕는다. 앞으로 개신교 예배에서 이러한 요소들을 더욱 적극적으로 도입하고 발전시키는 것이 필요할 것이다.

'관상적 예배의 실제 적용을 위한 4단계 모델(골격)'을 제시하면 다음과

■ 공동체 예배에서의 관상적 순서 도입을 위한-'S.A.L.T. 모델'

단계	개념	설명	예시
S (Stillness)	정지와 침묵: 입례 시 침묵 / 호흡기도 안내 / 소리 낮추기	외적 활동을 멈추고 내면을 여는 시간 기대효과: 외적 움직임을 멈추고 내면을 열 준비	입례 시 침묵, 호흡 안내
A (Awareness)	하나님의 임재 인식:상징, 조명, 묵상 찬양 / 절제된 예전	감각과 내면을 통해 주님의 현존에 깨어 있음 기대효과: 감각을 통해 하나님의 현존을 감지	조용한 찬양, 시각 상징
L (Listening)	말씀과 성령의 음성 경청: 말씀 봉독 전후 묵상 / 렉시오 디비나	낭독과 묵상, 렉시오 디비나 활용 기대효과: 말씀을 정보가 아닌 '하나님의 말씀'으로 경청	말씀 전후 묵상, 응답 기도
T(Transformation)	내면 변화와 응답: 대표기도 전 묵상 / 파송 전 결단 / 성찬 후 침묵	삶의 결단과 기도로 열매 맺음 기대효과: 성령의 인도 속에서 삶의 방향 재정립	대표기도, 파송 전 감사 침묵

같다. 이는 'S.A.L.T. 모델'[10]이라고 명명하였으며 관상적 예배 설계를 위한 네 가지 핵심 요소를 중심으로 구조화 한 것이다.

이 모델은 영적 삶의 리듬과 내면의 움직임(침묵-임재-응답)의 구조적 접근을 제시하며, 예배 설계자가 관상적 흐름을 예배 전반에 배치할 때, 논리적 일관성과 영적 방향성을 유지할 수 있도록 하는 데 도움을 준다.

3__ 음악과 상징의 활용을 통한 관상적 전환

개신교 예배는 전통적으로 말씀과 찬양, 기도, 성례 중심으로 구성되어 왔으나, 최근 예배 갱신 논의에서는 음악과 시각적 상징(visual symbols)을 통한 영적 체험의 심화 가능성이 주목되고 있다. 이는 기존의 예배 요소들을 단지 보조 수단으로 활용하는 차원을 넘어, 예배자들이 음악과 상징을 통해 예배 내에서 보다 깊은 관상적 태도에 들어갈 수 있도록 돕기 위한 시도라 할 수 있다. 음악과 상징은 단순한 "감정 고양 장치"가 아니라 예배자들의 내면을 가다듬고 영적 감수성을 열어주어, 하나님의 임재를 더욱 직접적으로 체험하게 하는 기능을 수행한다.

우선, 음악적 요소를 통한 관상적 전환이 이루어질 수 있는 첫 번째 방법으로는 예배에서 다양한 장르와 양식의 음악을 활용하는 방안을 들 수 있다. 오늘날 많은 개신교회는 현대 복음성가나 전통 찬송가, 합창곡 등을 혼합하여 사용하고 있는데, 이를 관상적 방향으로 더욱 체계화할 필요가 있다. 예컨대, 예배 초입에 길고 부드러운 전주(introit)나 경건한 묵상

---

[10] 본 모델은 필자의 연구 주제인 관상신학의 개신교 예배 적용 가능성을 바탕으로 정리한 관상적 예배 설계 프레임워크이다. "S.A.L.T."는 각각 침묵(Stillness), 임재 인식(Awareness), 경청(Listening), 내면 변화(Transformation)를 뜻한다.

음악을 배치함으로써 회중이 일상에서 예배로 전환되는 순간을 음악으로 안내할 수 있다. 이어서 찬양대 혹은 솔리스트가 특정 주제(예: 십자가, 부활, 성령 강림 등)에 맞는 명상적 선율을 제시한다면, 회중은 자연스럽게 찬양 가사의 의미와 함께 음악적 울림 속에서 깊은 관상에 들어갈 토대를 얻을 수 있다.

둘째로, 예배 내 침묵과 음악을 교차 배치함으로써 관상적 분위기를 조성할 수 있다. 설교 전후나 기도 후에 잠깐의 연주곡을 삽입하고, 그 연주가 끝난 뒤에는 1분 내지 2분의 침묵을 유지하게 함으로써, 예배자들은 음악이 남긴 여운을 내면에 곱씹을 시간을 갖게 된다. 이는 음악의 힘을 단순히 '즐기는 것'이 아니라 영적으로 반응하고 숙고하는 과정으로 전환시키며, "소리와 침묵의 조화" 속에서 하나님과 일대일로 대면하는 듯한 심안(心眼)의 개안을 경험하게 만든다.

셋째로, 관상적 예배를 지향하는 음악 선곡과 연주는 회중의 감각적 참여를 이끌어야 한다. 현대 예배음악은 때로 강한 리듬과 볼륨으로 회중의 흥분을 유발하는 데 치중하거나, 지나치게 공연 중심으로 흐르기도 한다. 그러나 관상적 예배에서 음악은 내면의 고요와 신비를 열어주는 열쇠로 기능해야 하므로, 음향과 편곡, 연주의 방식 등을 세심하게 설계하는 일이 요청된다. 예컨대, 특정 곡을 반복(taizé 찬트 등)하여 회중이 간결한 후렴을 암송하듯 따라 부르게 한다면, 말씀의 주제를 깊이 각인시키고 마음속에서 울리는 영적 공명을 더욱 증폭시킬 수 있다.

시각적 상징의 활용 역시 관상적 전환에 큰 역할을 담당한다. 개신교는 역사적으로 우상 숭배 논란과 종교개혁 시기의 반(反)성상 운동 등의 영향으로, 예배 공간에서 시각적 상징을 제한적으로 사용해 왔다. 그러나 현대 예배학자들은 예배 공간의 미학적 요소가 예배자들에게 강력한 영적 메시지를 전달할 수 있음을 재발견하고 있다. 성화(聖畵), 배너, 색깔, 조명, 꽃 장식 등의 요소들은 단순한 장식품이 아니라 영적 사유와 묵상을 돕는 매개체가 될 수 있다. 예배공간 안에 설치된 십자가 혹은 강단의 디자인만 보아도, 그것이 회중에게 그리스도의 희생과 구원의 의미를 시각적으로 상기시켜 줄 때, 그 순간이 곧 관상의 계기가 된다.

또한 특정 절기(대림절, 사순절, 부활절, 성령강림절 등)에 맞춰 색깔과 장식물을 변화시키는 일은 교회력이 지닌 신학적 의미를 시각적으로 드러내는 행위이자, 관상적 예배를 풍성하게 하는 전례적 장치라 할 수 있다. 예컨대 대림절에는 보라색(회개와 기다림을 상징)을 사용하고, 초를 하나씩 밝힘으로써 구세주의 오심을 묵상하도록 만든다.

이러한 시각적 변화는 회중에게 자연스럽게 절기의 상징성을 체득하게 하며, 관상의 문턱을 낮춰 보다 깊은 내면적 사유로 이끌어 준다. 아울러, 예배 중에 진행되는 의식적 행진이나 공간의 이동 또한 상징적 의미를 극대화하기 위한 방안이 될 수 있다.

전통적으로 개신교 예배는 입장 행렬(procession)과 같은 가톨릭의 예전을 배격해 온 경향이 있었으나, 최근에는 성경 봉독 전 성경을 들고 강단으로 입장하거나, 성찬기와 촛불을 운반하는 작은 행렬 등을 통해 회중에게 예배의 초점을 시각적으로 제공하는 시도가 이어지고 있다. 이러한 상징적 몸짓은 예배자들의 눈과 마음을 자연스럽게 인도하여, 말씀과 성례의 중심성이 더욱 부각 되도록 돕는다.

결과적으로, 음악과 상징의 활용을 통한 관상적 전환은 예배자들의 오감(五感)을 통합적으로 동원하여, 예배가 단지 교리적인 설명이나 설교 중심의 교육적 행위에 그치지 않고, '하나님 체험의 자리'가 되도록 이끄는 핵심 전략이다.

음악은 청각적 경건심을 일깨우며 내면적 고요와 묵상을 촉진하고, 상징은 시각적·공간적 요소를 통해 신앙의 핵심 주제를 직관적으로 보여준다. 이를 적극 도입하는 교회들은 예배자들의 영적 참여도가 높아지고, 예배 후에도 내면에 지속되는 은혜의 여운이 깊어졌음을 보고하고 있다. 따라서 예배 갱신 차원에서 음악과 상징을 재평가하고, 이를 관상적 훈련과 연계시키는 작업이 더욱 활발히 추진될 것으로 전망된다.

에필로그

1 관상신학이 개신교 예배에 주는 영적 가능성

관상신학은 인간의 전 존재가 하나님 앞에 머물며, 침묵과 묵상, 감각적 상징을 통해 하나님의 임재를 체험하는 신학이자 실천이다. 이는 설교 중심, 프로그램 중심 구조에 익숙해진 현대 예배가 잃어버린 '깊이'와 '경건함', '영혼의 참여'를 회복할 수 있는 통로를 제시한다. 특히, 관상신학은 개인의 영성 훈련에만 머물지 않고, 공동체 예배와 성례전, 예전적 구조 전반에 적용될 수 있는 공예배적 실천의 가능성을 지닌다. 침묵, 성경묵상, 반복적 찬송, 성찬의 신비 참여 등의 요소는 교회의 전통을 존중하면서도 예배를 더 풍성하고 입체적으로 만들 수 있는 자원이 된다. 이는 회중이 정보를 받는 청중이 아니라 하나님의 현존 속에 존재로 참여하는 예배자가 되도록 돕는다.

2 관상신학의 신학적, 실천적 의의

신학적으로 관상신학은 개혁주의 전통과 갈등하지 않으면서도, 그 안에 이미 내포되어 있던 묵상(meditatio), 기도(oratio), 영적 사색(contemplatio)

의 전통을 재발견하고 현대적으로 재구성할 수 있는 기회를 제공한다. 칼뱅과 루터는 신학적 사유와 경건 생활이 분리되지 않도록 강조했으며, 이러한 방향은 관상신학이 제시하는 내면화된 예배와 삶의 일치와 상통한다. 한국 개신교 예배에서 잊혀진 침묵과 신비, 상징과 성례의 의미를 회복하려는 구체적 시도로 연결된다.

본 연구에서 분석한 한국과 미국 교회의 실제 사례들—예: 청파감리교회의 예전적 구조와 침묵기도, 샬렘영성훈련원의 성찬 실천, 미국 Grace Church와 St. Gregory Church의 관상적 예배와 성찬 실천—은 이 이론이 추상적인 아이디어가 아니라 실제 예배 현장에서 유의미하게 구현 가능함을 보여주는 살아 있는 모델이다.

3___미래적 제안

관상신학이 개신교 예배 갱신을 위한 유의미한 신학적 자원임은 분명하다. 향후 이를 실제 예배 현장에 통합하고 지속적으로 발전시키기 위한 실천적 방향과 신학적 대화의 필요성이 있다.

먼저, 예배 갱신을 위한 실천적 로드맵 측면에서, 관상신학은 침묵, 묵상, 상징의 도입과 성례전의 내면화 등을 통해 예배의 구조를 보다 존재중심적이고 참여적인 예전으로 재편할 수 있는 구체적 가능성을 제공한다. 예배 순서의 재구성, 예배자 훈련, 묵상 예배의 정착, 공간과 감각을 활용한 예전 설계 등의 방향이 단계적으로 실현되어야 한다.

또한, 관상신학과 개신교 신학 간의 지속적 대화가 필수적이다. 이를 위해 관상신학이 개혁주의 신학과 조화될 수 있는 성경적, 신학적 근거를 체계화하고, 관상기도 및 신비 체험에 대한 신학적 오해를 해소하며, 보다 포괄적인 신학 담론 속에서 영성과 예배의 일치를 모색해야 한다. 관상신학은 단지 특정 전통의 영성이 아니라 다양한 교단과 신학의 만남을 가능하게 하는 에큐메니칼한 공통 주제로도 발전할 수 있다.

이처럼 관상신학은 단기적 적용이 아닌, 교회의 예배문화와 영성 패러다임을 전환시키는 장기적 과제로 이해되어야 하며 예배학, 목회학, 영성신학 간의 융합을 통해 지속 가능한 예배 갱신의 흐름을 창출해 나가야 한다.

1) 예배 갱신을 위한 실천적 로드맵

앞으로 관상신학을 통한 예배 갱신을 위해서는 다음과 같은 단계적 접근이 필요하다.

- **예배 구조 내 침묵과 묵상의 도입** : 참회의 침묵, 설교 후 침묵, 성찬 후 묵상 등의 구조를 공식 예배 순서에 포함시켜, 말 없는 공간에서 하나님의 임재를 경험하게 한다.
- **상징과 감각의 회복** : 촛불, 색상, 향, 침묵 중 종소리 등의 전례적 상징 사용을 통해 예배를 감각과 영성이 만나는 장으로 확장한다.
- **성례전의 신비적 참여 강조** : 성찬과 세례를 단순한 형식이 아닌 '은총의 수단'으로 회복하여, 회중이 존재 전체로 참여하는 훈련의 기회로 활용한다.
- **관상기도 및 묵상훈련 프로그램 운영** : 예배 전 또는 주중, 교회 내 '관상기도 세미나', '성경묵상 그룹', '침묵기도 모임' 등을 구성하여 회중이 관상적 훈련을 실천하도록 돕는다.
- **예배 인도자 교육과 리더십 훈련** : 목회자와 예배 인도자가 먼저 관상적 영성을 내면화하고, 예배 설계와 인도에서 이에 대한 감각과 신학적 통찰을 갖도록 훈련해야 한다.

이와 같은 로드맵은 관상신학이 개신교 예배를 단지 '조정'하는 것이 아니라 근본적으로 새롭게 구성할 수 있는 역동적 자원임을 보여준다.

2) 관상신학과 개신교 신학의 지속적 대화

관상신학이 개신교 신학 내에서 지속적으로 뿌리내리기 위해서는, 그것이 성경적이며 개혁주의 신학과 조화될 수 있는 신학적 기초를 가진다는 점에 대한 명확한 입증과 대화의 장이 필요하다. 이를 위해 다음과 같은 노력이 병행되어야 한다.

- **성경 해석에 기반한 관상신학의 정당성 확보** : 예를 들어, 시편, 예수의 기도 생활, 바울의 기도 신학 등을 통해 성경 내 묵상과 침묵의 신학적 토대를 발전시켜야 한다.
- **신비주의와의 선 긋기 및 개혁주의 신학과의 대화** : 신비 체험 중심의 탈신학적 흐름과는 선을 그으면서, 관상신학의 신학적 균형과 공동체 중심성을 강조해야 한다.
- **예배학, 영성학, 조직신학 간의 융합 연구** : 관상신학은 단일 분야가 아니라 예배학, 교회론, 성령론과 연결되어야 하며, 이를 통해 교회 전반의 구조적 갱신에 기여할 수 있다.
- **타 전통(가톨릭, 동방교회)과의 상호 대화 확대** : 에큐메니칼 관점에서 관상신학은 교회 간 대화를 위한 공통 주제를 제공하며, 공동의 영성적 유산을 발굴하고 계승할 수 있다.

관상신학은 단지 새로운 유행이 아니다. 그것은 교회가 오랜 전통 속에서 잃어버린 영적 깊이와 침묵, 하나님의 현존 앞에 서는 자세를 회복하기 위한 신학적 성찰이자 예배적 실천이다. 지금이야말로, 말씀과 성례의 신학을 풍성히 품고, 침묵과 묵상의 실천을 회복하며, 예배자 모두가 하나님의 신비 안으로 들어가는 길을 다시 여는 시간이 되어야 한다.

관상신학을 개신교 예배에 적용하는 가능성을 신학적, 역사적, 실천적 측면에서 다각도로 조명하였으나, 몇 가지 한계도 존재한다.

첫째, 개신교 내부의 다양한 교단 신학과의 정합성에 대한 세부 분석이 충분히 심화되지 못했다. 특히 보수적 개혁주의 전통 내에서 관상신학의 수용 여부에 대한 비판적 검토와 해석학적 조율이 향후 더 보완될 필요가 있다.

둘째, 관상신학 적용의 실제적 효과성에 대한 장기적 관찰과 검증이 부족하다. 이 책에서 제시한 국내외 사례들은 관상적 요소의 적용 가능성을 보여주지만, 그 결과가 회중의 영성 형성에 미치는 영향에 대한 실증적 분석은 향후 별도의 질적·양적 연구를 통해 검토되어야 할 것이다.

셋째, 현장 적용을 위한 구체적 교육 시스템과 리더십 개발 전략이 제한적으로 제시되었다. 관상적 예배가 성공적으로 정착되기 위해서는 신학적 이해를 기반으로 한 리더 교육, 회중 훈련, 교회 내 문화 형성이 병행되어야 하며, 이에 대한 구체적인 훈련 모델 개발이 과제로 남아 있다.

이러한 한계에도 불구하고 이 책에서는 관상신학이 개신교 예배의 형식화와 영성 결핍을 극복하는 데 실질적인 기여를 할 수 있는 신학적 자원임을 보여주었다. 이는 앞으로의 지속적인 신학적 논의와 예배 실천의 실험적 적용을 위한 출발점으로서 중요한 의미를 지닌다.

이 책은 그러한 여정을 향한 작은 시작이다. 개신교 예배가 정보 중심에서 존재 중심으로, 형식에서 실재로, 프로그램에서 현존으로 전환되기를 소망한다.

참고문헌

1. 국내 단행본

강만길.『몸의 실험과 종교』. 서울: 동명사, 2002.
권수경.『번영복음의 속임수』. 서울: SFC. 2019.
권진아.『너와 마음이 기도 영성수련』. 서울: 세종서적, 2016.
길희성.『마이스터엑카르트의영성사상』. 왜관: 분도출판사 2003.
김 진.『그리스도교 영성』. 서울: 엔크리스토. 2003.
김경순.『향심기도- 모든 그리스도인의 보편 성소인 관상』. 서울: 프란치스코. 2013.
김경재.『그리스도교 신앙과 영성』. 서울: 한신대학출판부 1997.
_____.『영성신학서설』. 서울: 대한기독교출판사 1985.
_____.『폴틸리히신학연구』. 서울: 대한기독교출판사 1987.
김광채.『교부열전 상: 니케아 이전 교부』. 서울: 정은문화사, 2002.
김귀춘.『2천년을 살아움직인 초대교회 영성사』. 서울: 영성네트워크. 2004.
김성원.『21세기를 움직이는 신학 포인트』. 서울: 대한기독교서회. 2012.
김용규.『서양문명을 읽는 코드, 신』. 서울: 휴머니스트. 2010.
김이곤.『출애굽기의신학』. 서울: 한국신학연구소 2000.
김희성.『마이스터 엑카르트의 명성』. 칠곡: 분도출판사, 2003
나용화.『영성과 경건』. 서울: 기독교문서 선교회, 1999.
문희곤.『예배는 콘서트가 아닙니다』. 서울: 예수 전도단, 2003.
박근원.『한국교회성숙론』. 서울: 대한기독교출판사 1986.
박봉랑.『교의학 방법론 Ⅱ』. 서울: 대한기독교출판사 1987.
박영만.『기독교 영성의 뿌리와 열매들』. 서울: 성광문화사, 1993.
박종환.『예배미학; 인간의 몸, 하나님의 아름다움』. 서울: 동연, 2014.
박혜란.『목사의 딸』. 서울: 아가페북스. 2015.
복음주의 실천신학회.『복음주의 실천신학 개론』. 서울: 도서출판 세부, 1999.
성균서관 편.『세계철학대사전』. 서울: 성균서관 1979.
성정모(김항섭 역).『하나님 체험 환상인가 현실인가?』. (서울: 가톨릭출판사, 1991),
송상용.『영성의 거장들』. 서울: 기독신문사, 2002.

엄두섭.『신비주의자들과 그 사상』. 서울: 도서출판 은성, 1992.
_____.『영맥』. 서울: 도서출판 은성, 1989.
_____.『영성 생활의 향기』. 서울: 도서출판 은성, 1994.
연규홍 외 9인.『종교·생태·영성』. 서울: 생명의씨앗 2007.
오성준.『영성 패러다임 바꾸기』. 서울: 쿰란출판사, 2004.
오성춘.『영성과목회』. 서울: 장로회신학대학출판부 1989.
유동식.『한국종교와기독교』. 서울: 대한기독교서회 1965
유해룡 편.『포이메네스 영성수련』. 서울: 한경직목사기념사업회 2018.
_____.『기도체험과 영적 지도』. 서울: 장로회신학대학교 출판부. 2012.
_____.『영성의 발자취』. 서울: 장로회신학대학교출판부, 2014.
_____.『하나님 체험과 영성수련』. 서울: 장로회 신학대학 출판부, 1999.
이성희.『미래사회와미래교회』. 서울: 대한기독교서회 2002.
이세영. 이창영.『향심기도 수련』. 경북 왜관: 분도출판사. 2010.
이완제.『영성신학탐구』. 서울: 성광문화사, 2000.
이원규.『머리의 종교에서 가슴의 종교로』. 서울: kmc. 2012.
이충범.『중세 신비주의와 여성: 주체, 억압, 저항 그리고 전복』. 서울: 도서출판 동연. 2011.
이형기.『종교개혁 신학사상』. 서울: 장로회신학대학출판부, 1984.
이홍근.『어떻게 기도할 것인가?』. 서울: 성모출판사, 1992.
이후정 외.『웨슬리와 초대교부 영성』. 서울: 신앙과지성사. 2019.
_____.『기독교 영성 이야기』. 서울: 신앙과지성사. 2013.
_____.『기독교의 영적 스승들』. 서울: 대한기독교서회. 1996.
_____. 이주연.『기독교의 영적 스승들』. 서울: 대한기독교서회, 1996.
전영준.『그리스도교 영성 역사(고대 편)』. 서울: 가톨릭대학교출판부, 2017.
정규남.『구약신학의 맥』. 서울: 두란노, 1996.
정동운.『성프란치스꼬』. 서울: 대한기독교출판사, 1992.
정원범 편저.『영성 목회 21세기』. 서울: 한들출판사 2006.
정일웅.『기독교 예배학 개론』. 서울: 솔로몬, 1998.
_____.『종교개혁 시대의 기독교 신앙의 가르침』. 서울: 한국 로코스 연구원, 1987.
_____.『한국교회와 실천신학』. 서울: 여수문, 1909.

조찬선. 『기독교 죄악사 상,하』. 서울: 평단문화사, 2000.
주도홍. 『독일의 경건주의』. 서울: 기독교 문서 선교회, 1991.
최일도, 김연수. 『영성수련의 실제』. 서울: 나눔사, 1991.
하우실트, 이영미, 슈뢰터 편. 『창조적인 목회를 위한 실천신학』. 서울: 한들, 2000.
한화룡. 『칼빈과 개혁신학』. 서울: 기독교 문서 신교회, 1992.
허성준. 『수도전통에 따른 렉시오 디비나I』. 경북 왜관: 분도출판사. 2003.
_____. 『수도전통에 따른 렉시오 디비나 II』. 경북 왜관 분도출판사. 2014.
협성신학연구소 편. 『기독교 신학과 영성』. 서울: 도서출판 솔로몬, 1995.

2. 국외 단행본

Adams, Daniel J. *Thomas Merton's Shared Contemplation: A Pretestant Perspective*. Michigan: Cistercian Publications. Kindle Edition. 1979.
Alcock, Anne. *Texts and Tips for Spiritual Directors and for Personal*. Dublin: Columba Press. Kindle Edition, 2012.
Arico, Carl J. *A Taste of Silence: Centering Prayer and the Contemplative Journey*. New York: Lantern Books. Kindle Edition, 2015.
Bancroft, Anne. *The Lumious Vision: Six Medieval Mystics and their Teachings*. London, Boston, Sydney: George Allen & Unwin. 1982.
Barton, Ruth Haley. *Invitation to Silence and Solitude: Experiencing God's Transforming Presence*. Downers Grove, IL: IVP Books, 2004.
Belisle, Peter-Damian. *The Language of Silence: The Changing Face of Monastic Solitude*. Maryknoll, New York: Orbis Books, 2003.
Bourgeault, Cynthia. *Centering Prayer and Inner Awakening*. United Kingdom: Cowley Publications. Kindle Edition, 2004.
Bourgeault, Cynthia. *The Heart of Centering Prayer: Nondual Christianity in Theory and Practice*. Colorado: Shambhala. Kindle Edition, 2016.
Brueggemann, Walter. *Spirituality of the Psalms*. Minneapolis: Fortress Press, 2002.
Calvin, John. *Institutes of the Christian Religion*. Translated by Ford Lewis Battles. Louisville: Westminster John Knox Press, 2006.

Casey, Michael. *Sacred Reading: The Ancient Art of Lectio Divina.* Missouri: Liguori/Triumph, 1996.

Chandler, Diane J. *Christian Spiritual Formation: An Integrated Approach for Personal and Relational Wholeness.* IL: InterVarsity Press. 2014.

Clifford, Richard J. *Proverbs: A Commentary.* Louisville, KY: Westminster John Knox Press, 1999.

Coleman, Anthony. *An Introduction to Centering Prayer.* Kindle Edition, 2016

Dahood, Mitchell. *Psalms II: 51–100, Anchor Bible 17.* Garden City, NY: Doubleday, 1968.

Dart, Ron S. & Jersak, Bradley *The Gospel According to Hermes: Intimations of Christianity in Greek Myth, Poetry & Philosophy,* Abbotsford, BC: St. Macrina Press. 2021.

Dart, Ron S. & Jersak, Bradley. *The Gospel According to Hermes: Intimations of Christianity in Greek Myth, Poetry & Philosophy.* Abbotsford, BC: St. Macrina Press.

Davis, Ellen F. *Getting Involved with God: Rediscovering the Old Testament.* Lanham, MD: Cowley Publications, 2001.

Dawn, Marva J. *Keeping the Sabbath Wholly: Ceasing, Resting, Embracing, Feasting.* Grand Rapids, MI: Eerdmans, 1989.

_____. *Being Well When We're Ill: Wholeness and Hope in Spite of Infirmity.* Grand Rapids, MI: Eerdmans, 2002.

Edwards, Tilden. *Spiritual Friend: Reclaiming the Gift of Spiritual Direction.* Translated by Yang Hye-ran. Seoul: Korea Shalem Institute, 2021.

Eliot, T. S. *Four Quartets,* London: Faber and Faber, 1943.

Finley, James. *Christian Meditation: Experiencing the Presence of God.* San Francisco: HarperOne, 2005.

Foster, Richard. *Celebration of Discipline: The Path to Spiritual Growth.* San Francisco: Harper & Row, 1978.

Frenette, David. *The Path of Centering Prayer: Deepening Your Experience of God.* Colorado: Sounds True. Kindle Edition, 2012.

Frost, Bede. *The Art of Mental Prayer.* London: S.P.C.K, 1954.

Gather, Gill. *Teachings of the Prayer of the Heart in the Greek and Syrian Fathers: The Significance of Body and Community*, NJ: Gorgias Press, 2014.

Green, Joel B. *The Theology of the Gospel of Luke*. Cambridge:Cambridge University Press, 1995.

Haas, Peter Traben. *A Beautiful Prayer: Answering Common Misperceptions about Centering Prayer*. Austin, TX:Contemplative Christians.com, 2015.

Hunt, John D. *Centering Prayer: Journey to Divine Union and Healing*. Upper Gate Publishing. Kindle Edition, 2015.

Jensen, Gary. *The 15-Minute Prayer Solution: How One Percent of Your Day Can Transform Your Life*. Chicago: Loyola Press. Kindle Edition, 2015.

Kidner, Derek. *The Message of Ecclesiastes: A Time to Mourn and a Time to Dance*. Downers Grove, IL: IVP Academic, 1976.

Keating, Thomas. *Open Mind and Open Heart*. New York, London: Continuum International Publishing Group Inc. 2004.

_____. *Invitation to Love: The Way of Christian Contemplation*. New York: Continuum, 2002.

Kelsey, Morton T. *The Other Side of Silence: A Guide to Christian Meditation*. New York: Paulist Press, 1976.

Laird, Martin. *Into the Silent Land: A Guide to the Christian Practice of Contemplation*. (Oxford: Oxford University Press, 2006.

Longman III, Tremper. *Psalms: An Introduction and Commentary*. Downers-Grove, IL: IVP Academic, 2014.

Louth, Andrew. *The Origins of the Christian Mystical Tradition: From Plato to Denys*. New York: Oxford University Press, 1983.

MacCulloch, Diarmaid. *Silence: A Christian History*. New York: Penguin Books, 2014.

Madagain, Murchadh Ó. *Centering Prayer and the Healing of the Unconscious*. New York: Lantern Books. Kindle Edition, 2007.

May, Gerald G. *Will and Spirit: A Contemplative Psychology*. New York: HarperCollins Publishers, 1982.

Mays, James L. *Psalms (Interpretation Commentary Series;.* Louisville: Westminster John Knox Press, 1994.

McGinn, Bernard. *The Foundations of Mysticism: Origins to the Fifth Century.* New York: The Crossroad Publishing Company. 1991.

McIntosh, Mark A. *Mystical Theology: The Integrity of Spirituality and Theology.* Massachusetts: Blackwell Publishers, 1998.

Merton, Thomas. *Blessed Are the Meek. Passion For Peace. Thomas Merton on Christian Contemplation.* edited by William H. Shannon. New York: Crossroad Press, 1995.

_____. *Letter to Pablo Antonio Cuadra concerning Giants Passion For Peace.* edited by William H. Shannon. New York: Crossroad Press, 1995.

_____. *Contemplative Prayer.* New York: Image Books, 1996.

_____. *New Seeds of Contemplation.* New York: New Directions, 2007.

Muyskins, J. David. *Forty Days To A Closer Walk With God.* Nashville: Upper Room Books, 2006.

Nouwen, Henri J. M. *The Way of the Heart: Connecting with God throughPrayer, Wisdom, and Silence.* New York: HarperOne, 2003.

Pennington, Basil. *Centering Prayer: Renewing an Ancient Christian P Prayer Form* New York: Doubleday, 2001.

Pennington, Basil. *Everything Belongs: The Gift of Contemplative Prayer.* New York: Crossroad Publishing Company, 2003.

Peterson, Eugene H. *Christ Plays in Ten Thousand Places: A Conversation in Spiritual Theology.* Grand Rapids, MI: Eerdmans, 2005.

Foster, Richard. *Celebration of Discipline: The Path to Spiritual Growth.* San Francisco: Harper & Row, 1978.

Sardello, Robert. *Silence: The Mystery of Wholeness.* California: Goldenstone Press. Kindle Edition, 2008.

Sheldrake, Philip. *Spirituality: A Brief History.* Malden, MA: Wiley-Blackwell, 2007.

Smith, James K. A. *You Are What You Love: The Spiritual Power of Habit.* Grand Rapids, MI: Brazos Press, 2016.

VanGemeren, Willem A. *Psalms in The Expositor's Bible Commentary, vol.5*, ed. Frank E. Gaebelein. Grand Rapids, MI: Zondervan, 1991.

Waltke, Bruce K. *The Book of Proverbs: Chapters 15–31,* Grand Rapids, MI: Eerdmans, 2005.

Wright, Andrew. *Christianity and Critical Realism: Ambiguity, Truth and Theological Literacy.* London and New York: Routledge Press, 2013.

Warfield, B. B. *The Inspiration and Authority of the Bible* Philadelphia: Presbyterian and Reformed Publishing, 1948. 173.

3. 국내 소논문

곽승룡. "부정신학." 『가톨릭 신학과사상』 66(2010). pp. 113-145.

권명수. "관상기도의 의식의 흐름과 치유." 실천신학회, 『신학과 실천』 16(2008) pp. 217-250.

권명수. "관상기도 집중 수련의 효과에 대한 경험적 연구: 자기 개념과 하나님 이미지 변화를 중심으로." 『신학연구』 45(2004), 199-237.

권성수, 노봉린, 손봉호, 권성수(역), W. Gasque, P. Arana. 박형용 '번영 신학과 고통의 신학: 번영 신학과 고통의 신학에 대한 성명서." 『성경과 신학』 17(1995). pp.144-156.

권희순. "쎈터링 침묵기도와 심리치유." 『신학과세계』 57, 2006, DD. 222-253.

김동규. "부정을 통해 신비로: 장뤽 마이롱에게 '존재와 다른' 신의 이름에 관한 물음." 서강대학교 철학연구소, 『가톨릭철학』 제21호, pp. 37-76.

김상복. "번영 신학과 고통의 신학: 장미 침대인가 가시 침대인가번영의 신학과 고난의 신학에 관한 소고." 한국복음주의신학회, 『성경과 신학』 17권 0호, 1995, pp. 5-24.

김성건. "영성신학의 새로운 지평: 메가시티(Megacity)와 메가처치(Megachurch) - 한 국의 사례." 『신학과 선교』 44(2014). pp.259-297.

김성봉. "그리스도적 기도와 향심기도." 『사목연구』 Vol.15. 2005.

김수천. "관상기도의 성서적 유래와 성서 신학적 의미 고찰." 『신학과 실천』 74집 2021), 229-253.

김수천. "4세기 이집트 수도자 마카리우스와 에바그리우스의 영성사상 고찰." 『신학과 실천』 2009. 5. pp. 229-259.

김영한. "영광 신학의 설교와 십자가 신학의 설교: 오늘날 번영주의 설교 비판." 한국 개혁신학회, 『한국개혁신학』26권 0호, 2009. 8-38.
김재현. "디오니시우스의 사상과 중세 기독교에 미친 그의 영향."『종교연구』36, pp. 73-107.
김칠성. "A Study of on the Origin of Religious Fxclusivism and Aggressive Evangelisn in the Korean Church."『신학논단』86(2016) 63-96.
김홍일. "개혁전통에서 본 관상기도에 관한 연구."『신학연구』57(2010) 132-168.
남성현, "폰투스의 에바그리오스의 영성 테라피 시양고대사연구』43(2015) 39-77.
남성현. "사막교부의 영성과 향심기도."『韓國教史學會誌』21(2007)
류응렬. "Joel Osteen의 설교연구." 개혁신학회,『개혁논총』3(2012) 43-91.
류장현. '번영신학에 대한 신학적 비판.『신학논단』61(2010) 7-30.
박세화. "신문을 통한 하나님의 연합."『신학과 실천』57(2017) 293-320.
박영미. "향심기도 체험에 대한 질적 연구." 한국동서정신과학회,『동서정신과학』17/1(2014) 77-91.
박종현. "한국 오순절 운동의 영성."『한국기독교역사연구소식』82(2008) 4-18.
변종찬. "아우구스티누스의 부정신학."『가톨릭 신학과 사상』66(2010) 44-80.
서원모. "헤지카즘 논쟁에 있어서 위-디오니시우스의 부정신학 해석."『한국교회사학회』13(2003) 221-250.
서종원. "디오니시우스가 아우구스티누스를 만났을 때."『한국기독교신학논총』94-1(2014) 117-158.
송성진. "기독자의 완전을 위한 관상과 활동의 중요성."『신학과 세계』88(2016), 114-148.
오방식. "관상기도의 현대적 이해."『장신논단』30(2007) 271-310.
오병희. "복음과 초대교회의 신비 관점에 대한 비평적 성찰."『신학과 실천』20(2020) 335-367.
오서연. "관상의 성립과 심상(心相)에 관한 연구."『한국종교』47(2020) 215-240.
유재경. "영적 상승의 방법으로서 위디오니시우스의 부성신학의 분석."『신학과 목회』31 2009. 5. pp. 247-273.
_____. "영적 성장의 관점에서 본 에바그리우스의 인간 이해."『한국기독교신학

논총』79-1(2012) 327-352.

_____. "하일러의 신비적 기도와 에바그리우스의 관상기도에 대한 비교분석." 『신학 논단』71(2013) 203-237.

유해룡. "영성훈련의 실제." 『대학과 선교』15(2008) 51-75

윤광원. "John Calvin의 Meditatio Futurae Vitae의 관점에서 본 번영신학." 『한국 조직신학 연구』12(2009) 63-81.

이민아. "아빌라의 테레사의 기도 연구." 신학과 실천 36(2019) 211-237.

이상봉. "서양 고대의 '신비철학'과 '신비신학'." 『철학논총』, 82(2023) 375-397.

이승구. "관상기도의 문제점." 『신학정론』, 29/1(2011) 121-155.

이원규. "급변하는 한국사회와 새로운 목회 패러다임에 대한 종교사회학적 고찰." 『신학과세계』, 43(2001) 256-286.

_____. "부흥의 추억: 한국교회 미래는 있는가?." 『신학과세계』70(2011) 154-187.

_____. "종교와 도덕성의 관계에 대한 연구." 『신학과세계』64(2009) 125-174.

_____. "한국교회, 새 희망을 말할 수 있는가?" 『신학과세계』68(2010) 170-212.

_____. "한국종교문화의 특성에 대한 연구." 『신학과세계』60(2007) 129-171.

이주형. From "Disconnected" to 'Centered' The Implication of Centering Prayer for the Korean Young Adults." 『신학논단』82(2015) 135-163.

이준섭. "발마의 휴의 시온을 향한 여정에 나타난 신비적 사상 연구: 디오니시우스적 전통 안에서의 해석학적 시도." 『종교문화연구』15(2010) 173-197.

이준섭. "정감적 신비주의자로서 보나벤투라." 『신학논단』78(2014) 191-222.

이후정. "관상기도의 영성신학적 의미." 『신학과 세계』69(2010), 101-129.

_____. 쎈터링 기도와 그 역사적 기원." 『신학과 세계』51(2004) 147-168.

전영준. "니사의 그레고리우스의 신비사상과 부정신학." 『가톨릭 신학과 사상』 66 (2010) 11-43.

정제천. "그리스도교 기도의 이해와 실천." 『신학전망』제164집(2009), 115-142.

조규홍. "위-디오니시우스의 신비신학." 『가톨릭 신학과 사상』66(2010) 81-112.

주승중. "삶 전체로 응답하는 예배." 『교회와 신학』, 54(2003), 64-73.

최유진. "새라 코클리의 관상적 자연신학 연구." 『한국기독교신학논총』 74(2023), 89-127.

피터 펠드마이어. "향심기도 운동과 그리스도교 관상의 전통." 『신학전망』

152(2006) 145-165.

한상민. "칼뱅의 그리스도와의 연합과 기도 신학을 중심으로 본 개혁주의 영성에 관한 신학적 소고." 『피어선신학논단』 6(2017), 54-77.

4. 국외 소논문

Bitton-Ashkelony, Brouria. "The Limit of the Mind: Pure Prayer according to Evagrius Ponticus and Issac of Neneveh." *ZAC* vol. 15. 2011. pp. 291-321

Blanton, P. G. "The Other Mindful Practice: Centering Prayer & Psychotherapy." *Pastoral psychology*, Vol. 60 No. 1, 2011.

Blondeau, A. T. "Prayer Does Not Work: Paul Tillich and Centering Prayer." Word And World, Vol. 35 No. 1, 2015.

Bourgeault, C. "Centering Prayer as Radical Consent." Sewanee Theological Review, Vol. 40 No. 1, 1996.

Coe, John. "The Controversy Over Contemplation and Contemplative Prayer: A Historical, Theological, and Biblical Resolotion." *Journal of Spiritual Formation & Soul Care*, 2014, Vol. 7, No. 1, pp. 140-153.

Sedlak, Ken. Worship, "Contemplation, and Mission." *Liturgical Ministry* 18(Fall 2009). 191-195

5. 번역 서적

Ackerman, John. *Listening to God*. 양혜란 옮김, 『들음의 영성』. 서울: 포이에마. 2009.

Aumann, Jordan. 『영성신학』. 칠곡: 분도출판사, 1994.

Aumann, Jordan. *Christian Spirituality in the Catholic Tradition*. 이홍근. 이영희 옮김. 『가톨릭전통과 그리스도교 영성』. 서울: 분도출판사. 1991.

Aumann, Jordan. *Spiritual Theology*. 이종근 옮김. 『영성신학』. 경북 왜관: 분도출판사. 1991.

Bainton, Roland. H. *Here I Stand*. 이종태, 『마르틴 루터의 생애』. 서울: 생명의 말씀사, 1982.

Barry, William A. Spiritual Direction and the Encounter with God. 김창훈 옮

김, 『하느님과의 만남과 영성지도』, 서울: 이냐시오 영성연구소, 1998.

Barton, Stephen C. *The Spirituality of the Gospel*, 김재현, 『사복음서의 영성』, 서울: 기독교문서선교회, 1997.

Bianchi, Enzo. Pregare La Parola: Introduzione alla "Lectio Divina." 이연학 옮김, 『말씀에서 샘솟는 기도』, 경북 왜관: 분도출판사, 2006.

Bloesch, Donald. The Struggle of Prayer: 오성춘, 권승일 옮김, 『기도의 신학』, 서울: 장로교출판사, 2002.

Bloom, Anthony. School for Prayer. 김승혜 옮김, 『기도의 체험』, 서울: 가톨릭출판사, 2009.

Bourgeault, Cynthia. *Centering Prayer and Inner Awakening*. 김정희 역. 서울: 한국기독교 연구소, 2017.

Bourgeault. Cynthia. 김지호 역. 『마음의 길』, 서울: 한국기독교연구소 2017.

Bouyer, Louis. Introduction a la Vie Spirituelle. 정대식 옮김, 『영성생활입문』, 서울: 가톨릭출판사, 1992.

Bucher, Anton A. Psychologie der Spiritualitat. 이은경 옮김, 『영성심리학: 영성에 관한 간학문적 대화』, 서울: 도서출판 동연, 2013.

Burrows, Ruth. *Interior Castle Explored: St. Teresa's Teaching on the Life of Deep Union With God*. 오방식 역. 『영혼의 성 탐구』, 서울: 은성출판사, 2014.

Bush. David V. The Silence: What It Is and How To Use It. Kindle Edition. n.p.. n.d.

Byung Chul. Han, *Midigkeits Gesellschaft*. 김재환 옮김. 『피로사회』, 서울: 문학과지성사, 2012.

Byung Chul. Han. *Duft der Zeit*. 김재환 옮김. 『시간의 향기: 머무름의 기술』, 서울: 문학과지성사, 2013.

Byung Chul. Han. *Midigkeits Gesellschaft* 김재환 옮김. 『피로사회』, 서울: 문학과지성사, 2012.

Chariton. Igumen, of Valamo, comp.. mer. The Art of Prayer: An Orthodox Anthology. 엄성옥 옮김, 『기도의 기술』, 서울: 은성, 2000.

Ellul, Jacques. *Prayer and Modern Man*. 윤종석 옮김, 『기도와 현대인』, 서울: 도서출판 두레시대, 1995.

Évagre Le Pontique. Le Gnostique, 허성준 옮김, 『그노스티코스』, 경북 왜관: 분

도출판사. 2016.

Evagrio, Pontico. *Control Pensieri Malvagi* 허성준 옮김, 『안티레티코스: 악한 생각과의 싸움』. 왜관 분도출판사, 2015.

Evagrius Ponticus. Praktikos, 허성석 역주. 『프락티코스 수행생활에 관한 가르침』. 왜관 분도출판사. 2011.

Evagrius Ponticus. Praktikos. 남성현 옮김, 『폰투스의 에바그리오스 실천학: 영적인 삶에 대한 백제(百誡)』. 서울: 새물결플러스. 2015.

_____. *The Chapters on Prayer*. 전경미. 이재길 옮김. 에바그리우스의 기도와 묵상』. 서울: 한국고등신학연구원(KIATS). 2011.

Faricy, Robert, S. J. *Seeking Jesus in Contemplation and Discernment*. 심종혁 옮김, 『관상과 식별』. 서울: 성서와함께, 1996.

Finley, James. *Christian Meditation: Experiencing the Presence of God* 권수, 김현주. 윤종권 옮김. 『하나님 임재 체험: 그리스도교 묵상기도』. 서울:시그마프레스, 2016.

Forsyth. P. T. *The Soul of Prayer*. 이길상 옮김, 『영혼의 기도』. 서울: 복있는사람. 2005.

Foster. Richard J. 박소연 역. 『생수의 강』. 서울: 두란노, 2000

_____. 진달전, 황윤호 역. 『영적 훈련과 성장』. 서울: 생명의 말씀사, 2006.

Frost, Michael and Alan Hirsch. *The Shaping of Things to Come* 서성근 옮김, 『새로운 교회가 온다』. 서울: 한국기독학생회출판부, 2015.

Grenz, Stanley J. *A Primer on Postmodernism*. 김운용 옮김. 『포스트모더니즘의 이해 포스트모던 시대와 기독교 복음』. 서울: 예배와 설교 아카데미, 2010.

Grin, Anselm and Meinrad Dulner. *Spiritualität von Unten*. 전헌호 옮김. 『아래로부터의 영성』. 왜관 분도출판사, 1999.

_____. 정하돈 옮김. 『하늘은 네 안에서부터: 오늘 우리에게도 들려오는 사막교부들의 지혜』. 왜관: 분도출판사, 2002.

Guyon, Jeanne, Experiencing the Depths of Jesus Christ, 채수범, 『예수 그리스도를 깊이 체험하기』. 서울: 생명의 말씀사, 1995.

Hagerty, Barbara Bradley. *Fingerprints of God*. 홍지수 옮김. 『신의 흔적을 찾아서』. 경기: 김영사, 2013.

Hall. Thelma. *Too Deep for Words: Rediscovering Ilectio Divina*. 차덕희 옮김. 『길

이 깊이 말씀 속으로』. 서울: 성서와함께, 2001.

Hanegraaff. Hank. *Christianity in Crisis: 21st Century*. 김성웅 옮김,『바벨탑에 갇힌 복음』. 서울: 새물결플러스, 2015.

Hemis Thomas A. 조항래 역.『그리스도를 본받아』. 서울 예찬사, 1993.

Heschel, Abraham Joshua. 김준우 옮김,『하느님을 찾는 사람. 기도와 상징주의에 관한 연구』. 경기: 한국기독교연구소, 2013.

Holmes. Urban T. Holmes. 홍순원 역.『그리스도교 영성의 역사』. 서울: 대한기독교서회, 2013.

Ignacio de Loyola. *Ejercicios Esprituales*. 정한채 역.『영신수련』. 서울: 도서출판 이냐시오 영성연구원, 2019.

James, William. *The Varieties of Religious Experiences*. 김성민·정지련 옮김.『종교체험의 여러 모습들: 인간의 본성에 관한 연구』. 서울: 대한기독교서회, 1977.

Jerotheos. *The Jesus Prayer*.『예수기도』. 서울: 정교회 출판사, 2010.

John, Main. *Word into Silence*. 이상영 역.『침묵으로 이끄는 말씀』. 서울: 분도출판사, 2006.

Johnston, William. *Mystical Theology: The Science of Love*. 이봉우 옮김,『신비신학 사랑학』. 경북: 분도출판사, 2008.

Jordan, Aumann. *Christian Spirituality in the Catholic Tradition*. 이홍근, 이영회.『가톨릭 전통과 그리스도교 영성』. 칠곡: 분도출판사, 1998.

Jordan, Aumann. *Theology of Spirituality*. 김홍근,『영성신학』. 칠곡: 분도출판사.

Judy, Dwight H.『그리스도인의 묵상과 내면의 치유』. 서울: 한들출판사, 2003.

Keating, Thomas. *Open Mind, Open Heart 20th Anniversary Edition*.『임마누엘, 마음을 열고 기도를 배우십시오』. 서울: 가톨릭출판사, 2022.

Keating. Thomas. *Intimacy with God*. 업무광 역.『하느님과의 친밀』. 서울: 성바오로, 2011.

_____. 엄무광 역.『관상기도를 통해 하느님께 나아가는 길: 사랑에로의 초대』. 서울: 가톨릭 출판사, 2006.

_____. 엄무광 역.『마음을 얻고 가슴을 열고』. 서울: 가톨릭 출판사, 2017.

_____. 이청준 역.『중독과 신적 치유』. 서울: 도서출판 으뜸사랑. 2022.

_____. 한국관상지원단 역.『내 안에 숨어계신 하느님』. 서울: 가톨릭 출판사, 2013.

_____. 엄무광 역.『관상기도를 통해 하나님께 나아가는 길』. 서울: 가톨릭출판사, 1999.

_____. 엄무광 역.『마음을 열고 가슴을 열고』. 서울: 가톨릭출판사, 1997.

_____. 엄무광 역.『하나님과의 친밀』. 서울: 가톨릭출판사, 1997.

Laird Martin. *Into The Silent Land*. 이민재 역.『침묵수업』. 서울: 타임북스. 2020

Laird, Martin. *Into the Silent Land: A Guide to the Christian Practice of Contemplation*. 이민재 역. "기도 수업." 서울: 한국샬렘, 2018.

Lossky, Vladimir, *sur la Theologie Mystique de Eglise d'Orient*, 박노양,『동방교회의 신비신학에 대하여』. 서울: 한국장로교출판사, 2003.

Louth, Andrew, *The Origins of the Christian Mystical Tradition*, 배성욱,『서양 신비사상의 기원』. 칠곡: 분도출판사, 2001.

May, Gerald G. *Dark Night of the Soul*. 신현철, 신현철 역.『영혼의 어두운 밤』. 서울: 가톨릭출판사, 2006.

McGinn, Bernard, Rait, Jill, Meyendorff, John. *Christian Spirituality: Origins to the Twelfth Century*,『기독교 영성 I』. 유해룡, 이후정, 정용석, 연성옥. 서울: 은성, 1997.

McGinn, Bernard, *The Foundation of Mysticism. Origins to the Fifth Century*, 방성규, 엄성옥.『서방기독교 신비주의의 역사』. 서울: 도서출판 은성, 2000

Merton, Thomas, *Spiritual Direction & Meditation*. 김규돈,『영적 지도와 묵상』. 서울: 성바오로, 1998

_____. *The Climate of Monastic Prayer*. 이영식 역.『마음의 기도』. 서울: 성바오로, 2011.

_____. *New Seeds of Contemplation*. 오재석 역.『묵상의 새 씨앗』. 서울: 가톨릭출판사, 1996.

Murray, Andrew. *The Inner Life*, 정혜숙,『위대한 영성』. 서울: 브니엘, 2004),

Nouwen Henri N. *The Way of Heart*. 이봉우 역.『마음의 길』. 왜관: 분도출판사. 2025

Nouwen, Henry. *The Wounded Healer*, 이봉우,『상처입은 치유자』. 칠곡: 분도출

판사, 1982.

Palmer. *The Art of Prayer: An Orthodox Anthology*. 엄성옥 옮김,『기도의 기술』서울: 은성출판사, 2000.

Pennington, Basil. *Centering Prayer*. 이승구 역.『향심 기도』. 서울: 기쁜소식, 2006.

_____. 서한규 역.『참 자아 거짓 자아』. 서울: 게쎄마니 출판사, 2007.

_____. 이승구 역.『향심기도: 그리스도교 전통의 단순기도를 현대적인 방법으로 제시하는』. 서울: 기쁜소식, 2007.

Ponticus, Evagrius. *The Chapters on Prayer*. 전경미. 이재길 옮김.『에바그리우스의 기도와 묵상』. 서울: 한국고등신학연구원(KIATS), 2011.

_____. *Le Gnostique*, 허성준 옮김,『그노스티코스』. 경북 왜관: 분도출판사, 2016.

_____. *Traité Pratique Ou Le Maine* 허성준 옮김,『프라티코스 : 수행생활에 관한 가르침』. 왜관: 분도출판사, 2011.

Rahner, karl, Theological Investigation, 정대식,『영성신학 논총』. 서울: 가톨릭 출판사, 1981.

Rice, Howard L. *Reformed Spirituality*, 황성철,『개혁주의 영성』. 서울: 기독교문서선교회, 1995.

Richard, Joseph, *The Spirituality of John Calvin*, 한국칼빈주의 연구원,『칼빈의 영성』. 서울: 기독교 문화협회, 1986.

Robertson. Archbald Thomas. 번역위원회.『신구약 원어 연구 해설』. vol.9. 서울: 벧엘성서간행사, 1986.

Rolheiser, Ronald, *Seeking Spirituality*, 오진탁,『삶을 변화시키는 영성을 찾아서』. 서울: 그루터기 하우스, 2002.

Rooney, Lucy.『관상기도법: 하느님과 함께 삶을 깊이 있게 엮어가는』. 서울: 성요셉출판사, 1994.

Russel, Norman, *The Lives of the Desert Fathers*, 이후성, 엄성옥, 서울: 도서출판 은성, 1994

Saliers, Don E, *Worship and Spirituality*, 이필은,『예배와 영성』. 서울: 도서출판 은성, 2002.

Salkind, Niel J. *Theorics of Human Development*, 김남순,『인간발달과 교육』. 서

울: 창지사, 1992.

Schaeffer, Francic A., *A Christian View of Spirituality*. 박문재 역.『기독교 영성관』. 서울: 크리스챤다이제스트, 1994.

Schaff, Philip. *History of the Christian Church2*, 이길상 역,『니케아 이전의 기독교』. 서울: 크리스챤다이제스트, 2004.

Schmidt, p. Bernhard, *Grundlinien der Patrologie*. 정기환,『교부학 개론』. 서울: 컨콜디아사, 1998.

Shannon, Wiliam E. 최대형 역.『깨달음의 기도』. 서울: 은성출판사, 2010.

Smith, Elizabeth. 차덕희 역.『내 안에 살아계신 하느님: 향심기도 입문』 칠곡: 가톨릭출판사, 2005.

Spener, Philip Jakob.『경건한 소원』. 엄성옥 역. 서울: 도서출판 은성, 1988.

Spittler Russel P. *Perspectives on the New Pentecostalism*, 이재범,『오순절 신학의 전망』. 서울: 도서출판 나단, 1989.

Stevens, R. Paul, *Disciplines of the Hungry Heart.*, 박영민 역.『현대인을 위한 생활 영성』. 서울: Ivp, 1996.

Stewart, Columba, *The World of the Desert Fathers*. 이후정.『사막교부들의 세계』. 서울: 도서출판 은성, 1995.

Tauler, Johannes, 엄성욱,『완덕의 길』. 서울: 도서출판 은성, 1993.

Teresa, Santa de Jesus. *Castillo Interior*, 최민순,『영혼의 성』. 서울: 바오로 딸, 1970.

Tillich. Paul. *The Courage to Be*. 차성구 옮김,『존재의 용기』. 서울: 예영커뮤니케이션. 2011.

Traité Pratique Ou Le Maine 허성준 옮김,『프락티코스: 수행생활에 관한 가르침』. 경북 왜관: 분도출판사, 2011.

Tuttle, Robert G.. Jr. *Mysticism in the Wesleyan Tradition*. 권태형 옮김,『웨슬레와 신비주의』. 서울: 은성출판사, 1993.

Ulanow. Ann & Barny. *Primary Speech: A Psychology of Prayer*. 박선규 옮김.『기도의 심리학』. 서울: 은성출판사, 2013.

Underhill, Evelyn. *Practical Mysticism*, 최대형.『실천적 신비주의』. 서울: 도서출판 은성, 2003.

Underhill. Evelyn. 배덕만 옮김,『예수 그리스도의 신비주의』. 서울: 누멘, 2009.

Unknown. *The Cloud of Unknowing*. Translated by Wolters, Clifton. 성찬성 옮김,『무지의 구름』. 서울: 바오로딸, 2002.
Wakefield, Gordon S..『기독교 영성 사전』. 엄성옥 역, 서울: 도서출판 은성, 2002.
Walker, Williston, *A History of the Christian Church(4th ed.)*, 송인설.『기독교 교회사 상,하』. 서울: 크리스챤 다이제스트, 1993.
Ward, Benedicta. *The Wisdom of the Dssert Father*s, 조영숙.『사막교부들의 지혜』. 서울: 도서출판 은성, 1994.
White, James F. *Sacraments as God's Self Giving*. 김운용 옮김,『하나님의 자기 주심의 선물: 성례전』. 서울: WPA. 2011.
Wilber, Ken. *A Sociable God: Toward a New Understanding of Religion*. 조옥경·김철수 옮김.『켄 윌버의 신』. 경기 파주: 김영사, 2016.
_____. *The Spectrum of Consciousness*. 박정숙 옮김.『의식의 스펙트럼』. 고양: 범양사, 2006.
Yancy. Philip D. *Prayer: Does It Make Any Difference?* 최종훈 옮김,『기도: 하나님께 가는 가장 쉽고도 가장 어려운 길』. 서울: 청림출판, 2007.

6. 학위 논문

김경순. "거룩한 독서와 향심기도의 상호관계성 연구." 가톨릭대학교 대학원, 2006
김경아. "센터링 침묵기도를 통한 내적 치유 연구." 서울신학대학교 상담대학원, 2007
김농은. "토마스 머튼의 관상기도 연구." 장로회신학대학교 신학대학원, 2000.
김명진. "영성생활을 위한 관상기도 연구-토마스 머튼을 중심으로." 협성대 신학대학원, 2001.
김은정. "관상기도에 의한 심리적 치유에 관한 연구." 호남신학대학교 기독상담대학원, 2003.
류충렬. "영성수련의 한 과정으로서의 관상기도에 관한 연구." 한신대학교 신학전문대 학원 박사학위논문. 2008.
박성면. "관상기도 연구(St. John of the Cross를 중심으로)." 감리교신학대학교 대학원, 1992.

박은정. "관상기도를 통한 자기대상의 경험적 연구-하인즈 코헛의 자기심리학." 한신대학교신학대학원 실천신학전공, 2012.

박종원. "센터링 침묵기도를 통한 심리치유의 목회적 적용에 관한 연구." 감리교신학대학교 대학원, 2009

변경은. "관상기도와 분심의 관계-마틴 레어드의 관상기도를 중심으로." 장로회신학대학교 대학원 영성신학전공, 2024.

송석천. "이콘이 영성에 미치는 영향." 문학박사학위논문, 가톨릭대학교 대학원, 2017.

송영민. "토머스 키팅의 향심기도 연구." 장로회신학대학교 목회전문대학원, 2014

유낙훈. "관상기도의 이론과 실제." 목원대학교신학대학원 실천신학전공, 2003.

윤정아. "관상기도의 역사에 관한 연구." 협성대학교 대학원 역사신학전공, 2011.

이용수. "Thomas Merton의 관상 이해를 통한 관상기도의 필요성 인식." 대전가톨릭대학교 대학원 실천신학전공, 2010.

이재훈. "향심기도와 관상적 쉼." 감리교신학대학교, 2016

이철웅. "머리에서 가슴으로: 카타파시스와 아포파시스의 통합적 관점에 따른 기독교 영성 수련 고찰." 미간행 신학박사학위논문, 장로회신학대학교, 2021.

이혜원. "관상기도 연구." 감리교신학대학교 대학원 실천신학전공, 2005.

전상일. "교회 청소년 스트레스 해소를 위한 센터링 침묵기도의 함축의미 연구." 감리교신학대학교 신학대학원, 2010

추연희. "고백자 막시무스의 예전해석-신비입문을 중심으로." 장로회신학대학교 대학원 역사신학전공, 2003.

허 준. "향심기도 수련의 변형 역동에 관한 연구." 신학박사학위논문, 장로회신학대학교 목회전문대학원, 2023.